Henri DONIOL
DE L'INSTITUT

SERFS ET VILAINS

AU

MOYEN AGE

PARIS
ALPH. PICARD ET FILS
82, RUE BONAPARTE

1900

SERFS ET VILAINS
AU
MOYEN AGE

MACON, PROTAT FRÈRES, IMPRIMEURS.

Il y a bien longtemps que j'ai traité le sujet auquel est consacré ce volume. J'emprunte pour y revenir la première partie de mon *Histoire des classes rurales,* publiée en 1857. Sujet jusqu'alors fort peu fouillé. Un petit nombre seulement d'érudits s'en étaient occupés. Quelques-uns en maîtres, il est vrai, Guérard au-dessus de tous. Depuis, on a recherché les documents qui en sont les matériaux. Hors de France et en France, c'est comme à l'envi qu'on en a mis au jour, et cela continue. On a disserté à leur occasion ou sur eux, fait ou tenté nombre d'explications ou d'applications de leur lettre, on n'est pas encore au bout. Pour ne citer que des noms de Français qui ne sont plus, Fustel de Coulanges y a consacré ses dernières années, trop tôt arrivées pour la science.

Cependant, je n'ajoute rien à mon œuvre passée; j'essaye seulement de la rendre plus claire et de la mieux préciser. Je n'aborde aucune controverse quant aux interprétations émises en ces travaux nouveaux. La multiplicité des textes, en suggérant des interprétations différentes, enfante de soi les controverses. Des énonciations qu'elle accumule on tire, à mesure, des conséquences qui paraissent autres à côté des précédentes, ou nouvelles au regard de celles-ci. C'est au contraire leur fond commun qu'il faudrait chercher.

Ce fond commun, je crois que les textes dont on disposait auparavant suffisaient à le faire découvrir. La multiplicité n'a guère, en ceci, qu'un intérêt de variantes. Elle donne des exemples qui différencient ou qui confirment, des détails soit de situation, soit de localité. Mais presque tous les documents sont du même moule ou analogues en leur portée; pour synthétiser on n'a besoin que de quelques-uns. Ceux que l'on possédait il y a quarante ans permettaient à eux seuls de dresser les cadres dans lesquels les faits trouvent encore aujourd'hui leur vraie place et où ceux qui sont nouveaux viennent se ranger comme des compléments.

J'avais, m'a-t-il semblé, établi à peu près exactement ces cadres; c'est pourquoi je n'y change rien en ce moment. Je ne m'applique qu'à mieux disposer la lumière.

Paris, février 1900.

SERFS ET VILAINS

AU MOYEN AGE

CHAPITRE PRÉLIMINAIRE

Il n'a appartenu qu'à l'époque moderne de voir, au commencement des sociétés, l'égalité civile appartenir à toutes les personnes. Cette égalité commune a pu exister dans l'enfance des agrégations humaines, mais probablement pour une courte durée. Depuis, dans les seules colonies de proscrits ou d'émigrants associés, la similitude des droits individuels en chaque membre a été la loi première ; la parité d'origine et de but, d'intérêts et de risques l'imposait. A parler historiquement, les sociétés pareilles sont de notre âge. Les anciennes, en tout cas celles dont nous procédons n'ont guère connu, à leurs débuts et longtemps, que l'inégalité systématisée des conditions personnelles. La première et essentielle partie de leur histoire est l'histoire en elles de l'état juridique de l'individu, l'histoire de la progressive évolution vers la jouissance complète du même droit pour tous les hommes.

Dans la France du moyen âge, la France qui dérivait de la société gallo-romaine, c'était d'antiquité que la différence des droits civils rendait très distinctes les unes des autres les personnes composant l'état social. Cette différence les catégorisait en classes profondément séparées. Classes superposées, qui plus est, à raison et en vertu de cette inégalité juridique. Le moyen âge, en France ni ailleurs, n'avait pas inventé cette consécration de l'inégalité : il la continuait. Son existence était de principe. Elle se montre presque au berceau des sociétés de l'Occident, avec l'existence correspondante de condition *libre* et de condition *asservie*; à peu près partout elles servent ensemble à échelonner les positions et les droits.

Quand il y a de telles démarcations, ce n'est pas aux classes particulièrement destinées à la production matérielle ou s'y employant, que l'indépendance appartient. Aucune preuve n'est nécessaire, montrant que la majeure portion de ces dernières a été longtemps dans une situation de servitude, avant de posséder la somme de vie civile qui constitue la liberté. A l'évidence naturelle, à la probabilité si l'on veut de ce fait, aucune attestation n'ajouterait rien. Il n'y a lieu d'apprendre à personne que l'histoire de ces classes consiste dans leur progressive ascension à l'état libre, parties de l'asservissement originaire.

Ce sont les serfs qui, au moyen âge, forment la classe non libre. A dire qu'ils sont seuls à la composer on ne s'avancerait même pas trop. Outre la démarcation civile, toutefois, il y en a une de caractère politique, et celle-ci jette dans un fossé profond, relativement au rang supérieur, les libres qu'elle met au rang secondaire. Ces derniers sont les *vilains*. Ils ont bien une histoire à eux, autre que celle des serfs, une histoire dépendante des faits, tandis que l'histoire des serfs tient à celle du développement du droit et consiste à beaucoup d'égards dans ce développement même. Mais leur vie respective se déroule sous les mêmes faits généraux, les effets leur en sont à beaucoup d'égards communs. Les circonstances qui font durer ou qui abrègent l'asservissement de l'une, empêchent ou favorisent l'avancement de l'autre. Ensemble elles sont les éléments de l'histoire de l'état social en France.

Il ne faut pas moins, dans le cours de ces faits dont l'influence étend son action sur l'une comme sur l'autre de ces classes très distinctes, les étudier chacune séparément. Et comme les serfs étaient les plus éloignés du but à atteindre, c'est par eux qu'il convient de commencer. Auparavant, toutefois, quelques généralités doivent prendre place. Elles importent également à l'histoire des *serfs* et à celles des *vilains*, parce qu'elles précisent la situation dans laquelle ils eurent les uns et les autres à se mouvoir.

1. Servitude, ou dépendance ?

On regarde l'esclavage, c'est-à-dire la possession pleine et incontestée d'un homme par un autre à titre de chose pure et simple, comme la condition native du travailleur de bras au début des sociétés. Je crois qu'il faudrait une opinion plus réduite ou moins absolue. Le fait de la complète servitude fut certainement commun; mais a-t-il été universel ? Il y aurait peut-être plus de vérité à dire que tout se réunit pour imposer la dépendance au cultivateur et à l'ouvrier des premiers temps. « Dépendance », en effet, suppose une servitude non essentiellement exclusive de toute liberté; or, dans les premiers temps, la liberté ne manque pas partout à ce travailleur de bras. Chez plus d'un peuple, ceux du moins auxquels notre tradition nous rattache, il eut assez de liberté pour que ce qu'on appelle la servitude puisse quelquefois sembler un mode d'association obligé. A cela on ne saurait assimiler l'esclavage en aucun cas.

L'esclavage est la forme la plus rigoureuse de la « dépendance », mais c'est la dépendance seule qui a le caractère d'universalité. Elle est dans la nature des choses, en quelque sorte. Elle se présente comme un mode du salaire dans le domaine de la production, comme le moyen de s'assurer la subsistance. Mode ou moyen que les sociétés débutantes, grandes ou petites, sont dans la nécessité de pratiquer. Dépourvues de capital, soumises à un ordre économique inférieur ou vicieux, elles se trouvent hors d'état de payer autrement que par ce procédé les objets de leur besoin. A son défaut elles seraient incertaines de se procurer ces objets. A son défaut également, l'individu dont le travail correspond à ce besoin, resterait impuissant à assurer la sécurité à son œuvre.

La dépendance apparaît ainsi comme inhérente à l'ordre civil des premiers temps, elle y est la garantie de l'ordre économique. Par là s'explique son existence partout à de certaines dates. Seulement, des causes qui tiennent au principe de chaque société y dictant les institutions, ces causes influent sur les manières d'être, sur les suites, sur la durée de cette dépendance. Elle se présente donc sous des aspects multiples dans l'histoire. Passé les temps primitifs, les lois sociales lui imposent des limites dont la nature et l'étendue constituent divers états successifs. Et comme ces limites deviennent obligatoires, les moins rigoureuses d'entre elles, celles même qui permettraient le plus qu'on regardât l'état de dépendance comme le mode d'une association consentie, prennent l'apparence d'un état arbitaire et tyrannique, tandis que l'obligatoire, en elle, n'a que le rôle d'une règle sociale. Règle mobile, donc nullement un fond uniformément rigoureux comme serait l'esclavage.

Que l'on remonte par la pensée jusqu'à la tribu (les sociétés de l'Europe occidentale n'ont pas tant d'antiquité que l'on ne doive pas demander plus d'une fois le sens de leurs faits sociaux à cet état originaire) on verra assez exactement comment les différents modes de l'asservissement s'établissent. Quand la tribu n'a d'autre but que de se suffire dans la vie calme et bornée du patriarcat, quand aucune cause n'y développe des besoins de travail ou de services hors de proportion avec celui de son personnel propre, elle ne connaît que des individualités libres. Des individualités assurément hiérarchisées, mais entre lesquelles il n'y en a pas d'asservies. On conçoit ainsi une époque où nulle dépendance attentatoire à la liberté civile n'existait. Mais que dans la tribu naissent des événements ou des situations impliquant la nécessité de salarier la production ou d'y employer des bras spéciaux, aussitôt le travail est attribué à deux sortes de personnes :

les unes qui l'exercent uniquement sous des conditions comportées par les temps et les lieux, c'est-à-dire par les données économiques et les idées sociales; les autres qu'on y a attachées en tant que possession absolue de maîtres. A ces maîtres, la conquête de ces autres personnes dans la guerre a dévolu le droit de se les approprier sans réserve. Sachant désormais utiliser leur captif, ils confisquent sa vie au lieu de la lui ôter. Dans l'histoire de l'Orient, dans celle des peuples du nord et de l'ouest de l'Occident, il est rare, par exemple, qu'une tribu ou une association de tribus ait formé un corps politique de quelque force, un peuple actif, entreprenant, militaire, sans que la dépendance y ait immédiatement emprunté à la nécessité d'une discipline sociale sévère et à la possession de personnes conquises, des formes d'asservissement plus arrêtées, plus strictes que celles usitées à l'origine.

Voilà donc dès le début deux états de non liberté. Si l'on ne peut pas les dire naturels, ils sont en tous cas probables et explicables. Le premier est pour ainsi dire organique; il représente ce que les choses exigent pour que la production soit possible à qui l'a pour objet, et assurée à la société; il admet des situations diverses; changeant d'ailleurs comme les choses elles-mêmes, il a, sous ces changements, un caractère évident de généralité. Le second est exceptionnel; il vient de la force ; il est sans règle protectrice ; il n'a de degré que dans la volonté du maître. En histoire, le terme d'*esclavage* correspond au second de ces deux états, le terme de *servage* à l'autre. Y a-t-il entre eux un lien de descendance ? j'estime que non en principe. Par le cours des choses toutefois, c'est possible. Dans ces situations d'abord distinctes, les faits produisent le contact ; ils amènent donc une certaine confusion. Il arrive aussi que, par l'effet d'une action réciproque, l'essence de leur manière d'être respective tend à prédominer. Selon que cette action reçoit plus ou moins de force des principes religieux ou moraux et des circonstances qui règnent, elle entraîne vers l'une ou vers l'autre la forme générale de l'asservissement. Où la source de l'esclavage n'a que des jets intermittents, l'influence évidemment reste au servage ; au contraire, où cette source est entretenue et abonde, l'esclavage prend de soi le plus de place. Il est trop facile de le multiplier, et il ôte vite leur raison d'être aux conditions plus libérales. Il devient destructif du travailleur libre, le ruinant par le bon marché de ses produits. Bientôt maître ainsi des choses, il prend par elles possession des idées, et ne tarde pas à ériger comme juste, à établir jusque dans le droit, ses modes les moins inspirés d'humanité. C'est comme cela qu'en France, sous les premières races, le servage présente beaucoup des caractères et des effets de l'ancienne servitude latine. Par là probablement l'esclavage a souvent prévalu. Et s'il a eu dans l'antiquité un règne si long, si répandu, c'est que la guerre y joua un grand rôle, et lui fit une source peu tarie. Mais il n'existe pas de raison pour que son règne ait été partout primordial.

On définirait plus exactement, semble-t-il, l'état de servitude comme institution juridique dans la société, en l'appelant, de manière générale, une dépendance dont les modes sont rendus obligés proportionnellement aux nécessités matérielles et, à la fois, aux notions régnantes de la dignité humaine. Cela selon le temps et les lieux. Cette formule suffit, du moins, pour expliquer comment les divers degrés de l'état servile se distribuent dans l'histoire. Le degré qui fait de l'homme une pure chose entretenue pour des services nécessaires, degré limité par le seul intérêt qu'a le maître à ne pas user son instrument trop vite, c'est *l'esclavage*. Dans les sociétés occidentales, il a naturellement sa place, en tant qu'institution organique du travail, là où régna la vieille morale romaine et où les lois de Rome s'imposèrent. Dans la société qui est devenue la France, l'acquisition progressive de l'égalité civile et du droit pour tout le monde de posséder en propre, a été le fait constant. Il s'est produit surtout de la part des classes à qui incombaient le travail du sol et son exploitation. Mais le mouvement n'a pu avoir lieu qu'en tant que ces classes furent douées d'activité individuelle, d'intérêts leur appartenant. Il n'y a donc point à s'enquérir des faits pouvant les concerner sous la condition d'esclaves. A un état où l'homme, sa progéniture, son travail et tout ce qu'il peut accumuler par le travail sont la propriété d'un maître qui en dépose arbitrairement, l'intérêt personnel manque; donc l'histoire, tableau de luttes, d'efforts, de changements fait défaut. Car l'esclave reçoit ou subit les conditions variées successives dans lesquelles on le voit, il n'en crée aucune; elles dépendent de ceux qui le possèdent; on ne saurait trouver en lui les traces d'une patiente et continuelle conquête d'individualité civile et de valeur sociale.

La véritable histoire des classes vouées au travail des bras, classes rurales ou autres, ne commence que le jour où l'esclave est doué d'une portion de vie civile, le jour où il reçoit une part de responsabilité dans le travail, où il cesse d'être l'instrument, la machine animée de la production, pour en devenir l'agent. Alors il voit s'ouvrir devant lui la perspective du progrès. Il a un but qui est l'exhaussement continuel de sa condition, il peut rendre fructueux ses labeurs et se faire compter lui avec eux pour un élément nécessaire. Cette condition, ou quelque chose d'assez approchant, a existé chez certains peuples du nord de l'Occident. Dans la plupart des autres, ce sont les rapports de la tribu et du clan qui ont le plus généralement régné, les liens imprégnés du sentiment de l'égalité humaine. En conséquence, une organisation plus ou moins ressemblante au patriarcat leur a été propre. Dans l'ancienne France particulièrement (et cela s'est vu aussi ailleurs), cette organisation donna au personnel asservi l'abri, sous la communauté familiale, d'une sorte de dépendance collective pleine d'avantages relatifs.

Ce qui précède était à dire, avant de passer à l'historique de la classe asservie dans la France d'autrefois. D'autres explications préalables sont encore nécessaires.

2. Esclavage, Colonat, Servage.

Dans l'histoire de l'ancienne France, on avance beaucoup avant de trouver aux autres œuvres que l'œuvre rurale un personnel particulier. Les classes inférieures en droits civils et en facultés sociales, les classes privées des attributs constituant l'individualité complète, ont été longtemps celles que la production agricole occupait essentiellement ou que les choses liaient à ses vicissitudes. Ce sont ces classes-là qui eurent à s'élever.

Et comme de longtemps il n'exista guère d'autre travail en dehors du leur, comme les ouvriers de cet autre travail, quand il en advint, étaient de même condition civile qu'elles, l'histoire de l'exhaussement graduel des classes à généralement parler rurales est celle du progrès qui a rendu peu à peu, dans notre pays, toutes les personnes en possession de la même condition civile. Ces classes ont insensiblement tiré d'un insatiable labeur les attributs de l'entière individualité sociale. Des différences ont existé entre leurs personnes; ces différences provinrent de la part inégale de responsabilité remise ou laissée à chacune, ou gradativement conquise par chacune.

Quelles conditions furent ainsi celles des agents de la production avant de devenir le personnel rural du moyen âge? il faut tout d'abord l'expliquer. Au douzième siècle déjà, nous étions un pays ancien en tant que société politique. La France avait passé alors par l'ère carolingienne, remplie de grandeurs de toute nature et dans laquelle s'étaient assurément fondues sous une profonde unité les origines premières. L'organisation seigneuriale, ensuite, avait eu deux siècles d'existence. On avait sans doute vu ces origines premières se raviver dans le fractionnement produit par la seigneurie, conséquemment modifier plus d'une fois les conditions organiques du travail. Celles de ces conditions qui régnaient aux approches de l'an 1200 devaient donc présenter des diversités de caractères et une sensible variété d'aspects. A peu près toutes les catégories d'existence civile étagées entre la privation de la liberté personnelle et sa jouissance, s'y rencontraient simultanément avec la liberté elle-même.

La catégorie des non-libres est celle qui nous intéresse ici. Or pour la seconde fois depuis la conquête de l'Occident septentrional par le monde latin, le personnel de ces non-libres venait de recevoir un classement et des caractères nouveaux. Une première fois, les sources de la production commençant à se fermer dans l'Empire, le vieil esclavage, ses dérivés multiples, les différents colonages de l'agronomie romaine, les diverses situations formées du mélange des précédentes avec les conditions de travail particulières aux peuples galliques ou germains, des conditions pleinement libres même, en un mot le personnel presque entier de l'agriculture gallo-romaine avait été réuni dans une condition légale unique : le *colonat*. Maintenant, la vaste et savante administration restaurée par Charlemagne a été dissoute. Le pouvoir public s'est partagé en souverainetés privées plus ou moins étendues ou restreintes. D'autres mœurs sociales que celles des peuples gallo-romains ont régné. Par suite, l'état seigneurial a fait entrer dans le *servage* le reste du colonat de l'Empire, la plupart des cultivateurs qui ont pu se soustraire à la loi coloniaire, de même ceux qui sont arrivés sur le sol français avec des conditions civiles tout autres.

Il n'y a pas de situations sociales mieux accusées que celle de ces trois états : *Esclavage, Colonat, Servage*. Nulles de plus reconnaissables dans leur essence propre, ni de plus distinctes par leur date, quoique ayant existé simultanément. Non seulement ces états correspondent à des moments particuliers du temps, mais aussi à des faits dissemblables de possession du sol et d'activité productrice. Ils délimitent des époques. Réserve faite de leur mélange à de certains moments, ils jalonnent d'une manière assez précise, à leur date, le développement des personnes et des intérêts hors de la vie libre, c'est-à-dire pendant la très longue période où les asservis ont tenu une place exclusive dans l'œuvre matérielle. Toutefois, si les différences ne sont guère contestées et ne sauraient l'être beaucoup de l'*Esclavage* au *Colonat*, elles ne sont pas évidentes au même degré de ceux-ci au *Servage*, conséquemment elles ne sont pas aussi admises. Ces différences ont cependant une portée fondamentale, de sorte qu'il importe de les reconnaître.

A cet égard il y a des manières de voir plus répandues peut-être que justifiées. L'histoire atteste qu'à mesure que chacune des situations d'*esclave*, de *colon*, de *serf* se développe, celle qui a précédé s'amoindrit, devient plus rare. Finalement, la dernière subsiste seule : c'est le cas du moyen âge. On s'est donc cru autorisé à envisager ces situations comme dérivant les unes des autres. On a pensé qu'elles ne présentaient autre chose sinon les phases successives de la même condition de non-liberté, qui serait allée toujours en s'adoucissant, autrement dit en s'élevant vers l'indépendance. Ce n'est pas sans des apparences de vérité que l'on a essayé de faire cadrer les faits avec cette opinion. Tout au moins les faits que donnent à supposer les termes écrits dans les textes historiques. Mais c'est à l'essence des situations qu'il faut regarder, beaucoup plus qu'aux termes. Les termes des textes sont trop souvent des expressions fort postérieures aux faits. Ils résument un passé plein de mélange, qui est devenu l'usage. La vérité, ici, n'est-elle pas, plutôt, que les principes du *servage* et son origine sont entièrement distincts de l'*esclavage*, si dans la forme il ne l'a pas toujours été en fait? Le servage se différencie de même très nettement de l'état de liberté, quoique les événements ou les circonstances aient souvent eu pour effet de l'en rapprocher.

Esclavage, Colonat, Servage, ces trois conditions des personnes se trouveront délimitées par leur caractère respectif et par leur histoire propre, à montrer seulement qu'en devenant la condition commune des non-libres au moyen âge, le *servage* apporta un changement profond dans la situation de ces non-libres et dans leur destinée. Pour cela, il faut comparer les effets civils ou sociaux du *colonat* et ceux du *servage*. Les faits que cette comparaison met en relief conduisent d'eux-mêmes à déterminer la nature de cette dernière condition, et, par sa nature, sa provenance pour ainsi dire.

3. Le Colonat par rapport à l'esclavage.

Le Colonat s'était formé vers le temps d'Auguste. Ç'avait été d'une manière privée, à titre de conduction entre le propriétaire gallo-romain et ses esclaves, entre ce propriétaire et des hommes libres malheureux ou bien des cultivateurs germains. Lorsque des empereurs, Marc-Aurèle, Claudien, Probus le donnèrent pour condition civile à des peuplades barbares vaincues et transplantées; lorsque Dioclétien et ses successeurs en firent l'organisation légale du travail agricole; lorsque des propriétaires romains, des administrateurs romains peut-être, l'appliquèrent pour mode de conduction agricole aux Africains de leurs domaines autour de Carthage, ainsi qu'il résulte des inscriptions retrouvées sous terre, ce fut, ce dut être si l'on veut, une transaction entre le droit ancien de s'approprier l'homme, et des habitudes civiles ou des convenances économiques plus respectueuses de l'humanité dans la personne. Habitudes ou convenances déjà puissantes par l'effet de deux causes. D'une part, la tradition gauloise et germanique, qui réservait une portion notable d'individualité au cultivateur ; d'autre part, les attributs civils déjà obtenus par les agents du travail.

A cette transaction la non-servitude ne perdait guère, c'est probable, et l'esclavage gagnait tout. L'esclave y trouvait la destination sûre et définitive au sol. Quoiqu'elle fût forcée, indissoluble, perpétuelle, il acquérait les effets civils du mariage des libres, un pécule héréditairement transmissible, la détermination des redevances territoriales, la protection de sa chose et de sa personne par la répression et l'indemnisation des violences subies. Somme toute, il recevait une part des droits individuels de famille, de possession. Une part suffisante pour commencer l'acheminement vers la liberté complète, partout où le principe romain d'immutabilité put abandonner un peu de sa rigueur ; ailleurs, c'est-à-dire partout où ce principe ne put être affaibli, ce fut une part suffisante pour lui inspirer le désir d'une existence moins dépendante.

On ne regarde donc pas à tort comme le point de départ de la liberté, pour les esclaves, cette transformation de l'ancienne servitude par la législation célèbre qui essaya de river l'homme à la terre afin de raviver la production dans l'Empire. Déjà, en vue de maintenir le lien politique près de se rompre, elle avait enchaîné les officiers publics à leurs fonctions, les riches à leur domaine, les contribuables au fisc; c'était le même mouvement appliqué au domaine économique. On a dit avec justesse que, possédé indélébilement par le sol, ce cultivateur le posséda en réalité; que, responsable des fruits moyennant qu'il en eût en propre une portion, il lui fut possible d'accroître cette portion peu à peu; que cet accroissement continuel, en fortifiant sans cesse son individualité sociale, devint une des sources les plus actives de son indépendance. L'état politique avait peu de stabilité; les besoins de production étaient considérables; les convenances privées, locales, mobiles furent conséquemment plus usitées que les lois publiques fixes. Malgré les excès compatibles avec l'état des choses, l'amélioration de la condition des personnes et des services put avoir lieu tout à la fois par l'affranchissement, par la prescription, par l'acquisition de la terre, en outre par l'abaissement des barrières qui résultaient de ces faits.

Tel avait été le cours des choses, dans la Gaule tout au moins. Des populations à qui l'affaiblissement juridique de l'ancienne servitude ouvrit ainsi la voie, aucune n'était plus prête à reconnaître cette voie, plus apte à la suivre, mieux faite pour y avancer que celle de ce pays. Les masses disparates établies sur son territoire ne forment pas encore politiquement un peuple, que déjà elles semblent reliées par leur principe social futur. Une tendance vivace à incruster le droit dans le travail, à puiser dans le droit conquis un travail sans cesse plus libre, générateur de droits plus étendus et plus forts, dessine en quelque sorte la France au sein des ruines de l'Empire. Soit des traditions primitives mal effacées ou ravivées par les invasions, soit une disposition propre du caractère, soit l'institution plus prompte et plus durable d'un pouvoir public qu'en tout le reste de l'Occident, ces améliorations de la condition personnelle y avaient été hâtées. Elles s'étaient attestées par une continuelle progression de l'état matériel et juridique et de la propriété. Que les personnes fussent dépendantes ou libres, ce résultat s'était produit.

Ainsi quant à l'esclavage. L'Église, tout en le réprouvant, l'avait traité avec circonspection chez elle tant qu'elle n'avait pas joui d'une influence sans retour; mais partout où elle ne l'avait pas déjà transformé, il s'était vu élever par elle au colonat dès la monarchie franque. C'est une question de savoir s'il fut possible au colon de l'Empire soit d'être affranchi soit de prescrire sa liberté; il le put certainement en Gaule par l'Église. Contrairement aux usages nés partout ailleurs de la législation impériale, l'Église lui conserva même le bénéfice, qu'avait l'esclave, de devenir libre par le mariage avec la femme non asservie; et c'était, à coup sûr, la source la plus féconde du changement d'état. L'immobilisation, sa condition originaire caractéristique, fut aussi enfreinte souvent; malgré la prohibition des textes, l'Église le laissa se déplacer, chercher dans de meilleures circonstances économiques un travail plus productif, plus d'avantages en conséquence [1].

Ainsi des libres. Dans l'état politique de ces temps, ils n'étaient pas exempts, tant s'en faut, des abus fiscaux, des violences; or, ils avaient trouvé, dans la protection dont les capitulaires attestent les efforts et les formes, une certaine garantie de leurs revenus, de leurs biens, de leur personne; et la législation des conciles avait ensuite assuré, contre tout retour à une condition civile inférieure, ceux d'entre eux qui avaient une fois conquis la liberté.

Ainsi des vieilles distinctions de la propriété

---

1. Cf. Guérard, *Prolégomènes d'Irminon*, §§ 119, 122 et *Polyptyque*, nos 24, 41, 127.

quiritaire. Les divisions empruntées à sa situation romaine, italienne, provinciale, les manières d'autrefois de l'acquérir, de la conserver, de l'occuper, déjà oubliées sous Justinien, avaient fait place aux divisions plus naturelles de meuble ou de foncière, aux modes plus simples fondées sur la possession, aux tenures plus divisibles, plus individuelles dérivées des moyens et des nécessités de son exploitation.

Ainsi des droits réels. Ils sont l'élément essentiel d'une société qui tend au règne de plus en plus marqué de la personnalité civile ; or, au temps de Charlemagne, on voyait la pleine propriété et le droit de la transmettre appartenir à des personnes dépendantes aussi naturellement qu'aux personnes qui ne l'étaient pas. Les situations non-libres sont mêlées, mal définies ; elles se confondent, à tout prendre, dans les états les plus voisins de la liberté. La condition des classes à qui le travail est dévolu, leurs intérêts sont non seulement tout aussi garantis que dans le colonat impérial, mais plus relevés.

En instituant le *Servage*, le régime seigneurial opéra dans la condition du personnel non-libre un mouvement qui semble inverse de celui du colonat. Dans le colonat, la liberté avait, en quelque sorte, donné le caractère ; maintenant ce fut la servitude. Du moins les formes et l'apparence de la servitude. Non que beaucoup de l'ancien colonat ne put pas conserver les avantages qu'il avait acquis; mais il cessa de se former des conditions colonaires. Resta-t-il quelque place à l'ancien esclavage ? c'est bien douteux. Le fait saillant, c'est que l'élasticité qui rendait le colonat voisin de l'indépendance fut plié à une nouvelle loi sociale.

Dans la vie des sociétés européennes de l'Occident tout a continué. En conséquence les influences latines, bien après l'empire de Charlemagne comme sous lui. On ne préciserait pas un jour exact où elles ont absolument cessé. Indiquerait-on mieux le jour où ces influences recouvrirent tout à fait sous elles la tradition originelle ? La Gaule fut administrée par Rome, non peuplée à nouveau. Ses énergies natives, son état de civilisation qui était déjà avancé, le gouvernement de Rome les a mis en œuvre et exploités; mais dut-il en changer le fond ? On ne voit guère qu'il s'y soit employé. Se tromperait-on donc à dire que de ce fond résistant, de cette tradition nullement perdue naquirent le règne de l'état seigneurial et le régime qui a fait la France du moyen âge ? Comment s'est formé et fut institué ce régime ? Est-ce par décomposition du vaste gouvernement carolingien ? Les attributs de la souveraineté ont-ils passé alors par usurpation graduelle ou par abandon aux mains des *ducs*, *comtes* et toute la hiérarchie à leur suite, aux mains aussi des grands propriétaires à leur exemple (*possessores, potentiores*, etc.) revêtus ou non de pouvoirs locaux ? Est-ce, simplement, que le fait pur et simple de la dissolution de ce gouvernement rendit à ces *possessores, potentiores,* ceux de ces attributs dont, auparavant, ils s'étaient donné ou vu consentir l'exercice pour l'administration de leurs domaines et qu'avait annulés en eux la centralisation survenue ? La seigneurie est-elle provenue de l'une ou de l'autre de ces deux sources ? Si, plutôt, on veut chercher la vérité là où la probabilité se rencontre, elle réside peut-être dans l'action simultanée des deux causes. C'est dans une mesure non pareille, cependant. Il paraît indubitable que les faits se sont beaucoup prêtés à favoriser la première des deux. On peut aussi très plausiblement penser que si c'est à la seconde seulement que la seigneurie fut due, le trouble fit tourner à son profit plus d'un des débris de cette centralisation détruite.

En tout cas, l'autre tradition que la tradition latine, au sein de la France du moment, se révéla, il semble, dans l'institution définitive : la seigneurie. La seigneurie est assurément étrangère à la tradition latine. C'est l'association privée pourvue de la souveraineté entière. Elle se suffit à elle-même, elle est indépendante, elle règle sur ses nécessités à elle son organisme et son économie. Dans la vie intérieure, elle cimente étroitement les personnes et les intérêts les uns aux autres, par une réciprocité d'engagements et de devoirs qui les rattache et les tient en groupes. Féodalité intime qui s'étend vite autour d'elle. Complète en soi seule, elle se relie à celles qui l'avoisinent. Par des engagements réciproques analogues elle s'unit aux groupes environnants afin d'en former avec eux d'autres qui aient plus d'importance et qui, ne voyant nul intérêt public en dehors d'eux, ont respectivement l'ambition pour passion naturelle, la défense par suite, pour prévision permanente. Après, des rois surgissent d'elles ou bien parviennent à se constituer soit leur chef, soit leur maître, cause non moins agissante de rivalités et de luttes. Longtemps néanmoins ces groupes associés comptent autant de centres principaux qu'il s'en est formé de capables de s'assurer une individualité solide.

Quand la seigneurie féodale s'installa en France, les éléments germains venaient d'être ravivés. Ne faudrait-il pas dire qu'elle leur emprunta ses institutions civiles? De la tradition romaine et carolingienne elle ne garda guère que les attributs de gouvernement. En tout cas, ce sont les effets civils qui importent ici; ils furent les suivants. La propriété, elle en fit l'attribut d'une classe particulière, la classe des seigneurs, et elle établit pour les autres classes la dépendance dans les manières de la détenir et de l'exploiter; cela presque avec autant de rigueur que l'avait fait pour lui le régime quiritaire. Les personnes des autres classes qui conservèrent ou qui conquirent la qualité de libres, elle les rendit ses sujets et ses contribuables, et à leur égard elle fut un souverain n'obéissant à aucune autre autorité que la sienne. Quant aux personnes restées ou devenues non-libres, ce souverain ne voulut avoir, relativement à elles, que des lois arbitraires. Dans la servitude toute réelle dont bénéficiait auparavant le *colon* en tant que possesseur de domaines, fut introduite toute la portion de servitude personnelle qu'exigea l'utilité, que commandèrent les nécessités économiques, et qui fut en rapport avec les notions morales : de là le *servage*. Sous la dénomination de *serf* exista dès lors une personne limitée quant aux droits de famille, de propriété, de transmission ; elle fut rivée à la terre et ne la put quitter ; à ce titre, on la dénombra, elle, sa progéniture, ses acquêts, comme choses de la fortune immobilière du seigneur ou du maître.

Les difficultés qui imposent aux sociétés commençantes de rendre strictes leurs lois civiles et leur discipline n'ayant pas manqué, le servage, relativement à l'état où vivaient les personnes non-libres quand il fut établi, paraîtrait donc une aggravation de la dépendance. Aux apparences, on dirait qu'il approche alors de l'esclavage, qui l'avait précédé, Mais il trancha par quelque chose qui lui est propre et que fait ressortir son histoire, par un envahissant instinct d'individualité résultant de sa condition juridique elle-même. L'individualité, en effet, était en lui le principe, le moteur intime et restait, à tous les degrés, le ferment de l'ordre social et politique nouveau.

En fait, autant que les choses d'un même pays et d'un même peuple puissent changer après une radicale solution de continuité politique, tout ce qui intéresse l'histoire de la propriété foncière et des classes dont elle est l'objet changea dans ce sens, à raison du classement des personnes et des choses qu'établit la seigneurie. On dirait que tout recommence et sur d'autres données. Le développement social a lieu désormais selon des directions, des formes, des lois différentes de celles d'auparavant. Les contemporains eux-mêmes nous l'apprennent, A un siècle et demi seulement depuis la féodalité, on avait perdu le souvenir des manières d'être antérieures. Vers l'an 1000, un moine rassemble et recopie les titres de Saint-Père de Chartres; il consigne au premier feuillet que les situations, les devoirs, les liens, les mots de la langue, tout est autre que précédemment dans ce qu'il transcrit : « ... rolli
« conscripti ab antiquis ... habuisse minime
« ostendunt illius temporis rusticos has consue-
« tudines in redditibus quas moderni rustici in hoc
« habent tempore dignoscuntur habere, nec ne

« vocabula rerum quæ tunc sermo habebat vul-
« garis. »

4. Personnes et classes sous le régime seigneurial.

Il faut se rendre compte des faits sociaux sous l'état seigneurial et sous le régime de féodalité qu'il institua. A cette fin, encore d'autres généralités sont nécessaires. Nul ne saurait prétendre les appuyer absolument sur des textes. Les textes, les textes anciens surtout (et de ceux-ci l'on ne possède que quelques-uns), ne valent que par l'interprétation probable qu'on peut leur donner. Ils s'appliquent à des faits que l'on n'a jamais vus. Ils sont l'interprétation, le plus souvent, de choses, d'idées, de situations dont la notion primitive était oubliée à leur date. Historiquement parlant, la valeur de leur témoignage est relative. La probabilité des choses, voilà ce qui est à rechercher par-dessus tout, quand on explique un passé complètement disparu. Or, on atteint d'autant plus à la probabilité, que par les faits ultérieurs les interprétations se voient corroborées, tout au moins dans l'ensemble.

Dans une société établie sur l'inégalité des personnes et sur les *classes*, les conditions du développement de chacune diffèrent; l'appréciation doit différer, en conséquence, quant aux efforts de chacune. Ni leur point de départ respectif, ni leurs moyens d'action, ni leur rôle n'ayant pu être semblables, les actes ne sauraient être en chacune envisagés de même, le mérite avoir la même mesure. En toute étude qui a trait à la gradation successive de l'individu au sein de sociétés de ce genre, la détermination des différences entre les *personnes* est donc commandée d'abord. Il est essentiel de voir chacune des catégories à sa place propre, dans ses conditions exactes de lutte et d'avancement. Le plus souvent elles paraissent confondues, on éprouve quelque difficulté à toujours les reconnaître. La loi qui régit l'état social ou bien modifie leur nature ou bien change leurs rapports à mesure qu'elle change et se modifie elle-même; il s'en forme ainsi d'autres, et l'apparence trompe aisément. Les divers modes du travail, les conductions soit contractuelles soit de coutume établissent des situations multiples; situations que tantôt leur durée viagère, quelquefois héréditaire, tantôt leur application à des ensembles d'individus et à des territoires étendus, tantôt les deux faits ensemble font prendre comme constitutives d'existences juridiquement caractérisées. Or ce sont des situations accidentelles, par-dessus tout économiques. Elles peuvent chacune devenir propre à des individus de classes différentes. Si les attributs de *personnes* proprement dites leur étaient reconnus, on accroîtrait sans mesure, autant que sans fondement, les catégories sociales.

On peut être amené à cette erreur par la multitude d'appellations que les textes gallo-romains et ceux de l'époque carolingienne donnent aux classes servile ou sujette, classes alors des agents de la culture. Même les plus éminents érudits, ceux qui ont parfaitement déterminé en principe les personnes par leurs caractères réels[1], quand ils se gardent de s'abuser en cela dans les généraralités, ne l'évitent pas toujours dans le détail. Il y a pourtant tout intérêt à s'en garantir. Si dans ces textes, dans tous autres d'ailleurs et dans les faits on ne discernait pas assez exactement ce qui est simple condition de travail de ce qui constitue une condition civile, la vérité, la probabilité, si l'on veut, échapperait dans les choses qui importent le plus. La liberté et la servitude, par exemple, les deux états sous lesquels on a surtout à connaître les personnes dans la société d'autrefois, ne sont pas toujours si bien accusées qu'il n'y ait beaucoup d'incertitude sur leurs limites; la sûreté de ces limites est cependant nécessaire pour maintenir historiquement le nombre des asservis dans ses bornes réelles. Or, il ne faut

---

1. Ainsi Guérard, *Prolégomènes d'Irmt. passim* et §§ 125, 143, 198 entre autres.

point demander un signe de classe à la situation où les individus se trouvent à tel ou tel moment ; c'est dans un caractère fixe qu'on doit le chercher. Un caractère indiquant l'état juridique, en conséquence le rang social, par cela même qu'il persiste sous des modifications multiples. La capacité civile, autrement dit la mesure sous laquelle l'individu participe aux droits qui sont l'attribut de l'homme social complet, voilà le signe catégorique des *personnes*. De ce que plus ou moins de ces droits est acquis ou retiré, de ce que, quelque situation qui accidentellement survienne, ils seront exercés sous des modes spéciaux, de cela seulement l'individu prend un rang distinct. Il a des destinations, une activité; une sphère de vie à part ; il se trouve dans des cadres particuliers, et ces cadres le suivent tant qu'ils ne sont pas détruits en lui par la translation de sa personne dans d'autres cadres.

Quels droits constituent l'homme social complet ? Ce sont les droits de famille, de propriété, de transmission. La jouissance entière ou la privation en plus ou en moins de ces attributs, par cela sont délimitées les *personnes*, dans les nations de l'Occident surtout. Les *libres* et les *asservis* n'y pourraient pas être reconnus à d'autres caractères; l'asservissement, sous toutes ses formes, s'y est résolu en restrictions mises à la vie civile à titre de discipline publique. Restrictions obligeant d'une manière souveraine, préexistant à toute convention privée, s'imposant à ces conventions et leur survivant. Elles ne donnaient pas seulement à ceux qui y étaient soumis une position à part, mais aussi, en quelque sorte, une nature sociale distincte; l'état juridique leur attribuait une valeur et une place déterminée entre les autres personnes.

Quelles furent donc, sous le régime de la seigneurie, les *personnes* composant la société, et quelle fut la situation de celles à qui incomba la charge de la production matérielle? voici le lieu de le dire. D'abord l'état social. Ce n'est pas simplement de *libres* et d'*asservis* qu'il se trouve alors formé, c'est d'ordres de personnes étagés. Il y en a trois, superposés les uns aux autres : les *gentilshommes*, les *vilains*, les *serfs*. Trois conditions tranchées; elles sont là dans leur sens descendant. A quoi il faut ajouter que les gentilshommes et les vilains sont des personnes libres, les serfs seuls ne le sont pas. D'une catégorie à l'autre, la limite fut souvent confuse, et dans chacune se marquèrent des nuances nombreuses; mais au point de vue civil les classes furent celles-là, et il n'en exista pas d'autres, non seulement tant qu'a duré le moyen âge, mais même encore après. Ce sont les *gentils hons, francs hons de poeste* et *sers* décrits par Beaumanoir[1]. Avant comme depuis

---

1. *Coutumes de Beauvoisis*, édit. Beugnot, chap. CLXV, n° 20, et XII, n° 3.

lui, sur le continent ou de l'autre côté de la Manche, tous les textes ayant trait aux rapports civils et politiques, textes d'économie privée, textes d'administration publique désignent et spécifient de même les éléments formant l'état social, Le *Mirror of justice*[1], les *Décisions*[2], la *Somme*[3], les *Ordonnances*[4], l'érudition moderne[5]. concordent en cela. On ne trouverait pas d'autorité qui permît de reconnaître d'autres classes de personnes, pas une situation sociale qui, juridiquement, ne rentrât dans l'une ou dans l'autre de ces dernières. Veut-on caractériser ces catégories par leurs côtés saillants, voici sommairement le rapport de l'une à l'autre.

Le *serf* est un objet de possession ; il reste juridiquement incapable d'appropriation pour soi ; — le *vilain*, est un sujet contribuable ; — le *gentilhomme* est un non contribuable qui, de par l'état seigneurial, a souveraineté sur le *vilain*. Le droit élevait ainsi sa solide barrière entre la classe des serfs et les deux autres ; ces deux autres, la classe des *gentilshommes* et celle des *vilains*, étaient

---

1. Dans Houard, *Lois anglaises*.
2. N° 249.
3. Tit. LXXVIII, LXXXIV.
4. Notamment celle de 1358, répartitrice de l'aide voté par les États de Vermandois.
5. Cf. D. Grappin, *Dissertation sur la main-morte*, p. 65. Laboulaye, *Condition des femmes*, p. 312. Guérard, *De la formation de l'état social, politique et administratif de la France*, bibl. de l'École des Chartres, 1851, p. 1 et seq.

seulement différenciées et séparées par la condition sociale et le droit politique.

Ces définitions ont divers avantages, malgré leur brièveté. D'abord, celui de spécifier chaque classe sous l'expression la plus nette et la plus absolue. Elles ont celui-ci, en outre : dans le régime d'alors et bien après, une hiérarchie exista entre les personnes d'une même classe ; il en résultait pour les unes une certaine souveraineté sur les autres ou, du moins, des privilèges spéciaux. Il faut pouvoir indiquer les relations de cette hiérarchie avec les faits de possession ou de travail, c'est-à-dire déterminer l'influence qu'elle exerça sur ces faits ou qu'elle reçut d'eux. Or ces définitions précisent les rapports qui ont tenu les classes chacune à leur distance, jusqu'au jour où elles se sont confondues dans l'égalité civile.

Une utilité de plus, c'est qu'en fixant la différence entre les conditions *vilaine* et *serve*, ces définitions préparent l'exactitude dans l'appréciation du rôle rempli d'une part par les libres, de l'autre par les non-libres, dans le développement ou les vicissitudes de l'état social. Or, c'est le point de vue qui importe surtout ici. Libres et non-libres n'eurent pas, tant s'en faut, des voies semblables. Pour avoir pris souvent, comme des faits de servitude, des faits de pure sujétion, les proportions du servage ont été augmentées historiquement, et sa durée a été crue plus longue qu'elle ne le fut en réalité. Il a été donné cours aussi à des estimations dont il faut peut-être revenir quant à l'intérêt, aux obstacles, aux ressources, conséquemment quant aux mérites soit des serfs soit des vilains dans les efforts par lesquels leur condition s'est élevée chacune. En cela plus qu'ailleurs résidant ici mon objet, il convient d'exposer de quelle manière, dans le domaine de la production, se trouvaient réparties, pour ainsi parler, les personnes bien distinctes et étagées qui viennent d'être spécifiées.

5. Personnes et classes quant à la possession du sol et à son exploitation.

Ce serait un état social très exceptionnel, celui où tout l'intérêt du travail résiderait dans les travaux manuels. De fait ou de droit, à toute époque, les personnes que la propriété des fonds ou celle d'un certain partage des produits lui rattachent en deviennent plus ou moins des agents. Ils tiennent plus de place dans ces circonstances et ces vicissitudes, à mesure qu'on se rapproche des moments où la source à peu près unique de la richesse et de la puissance vient du domaine agricole. Ç'a été le fait, en France, pendant une longue durée.

A ne comprendre alors dans le personnel de la production que l'ouvrier proprement dit de la culture, les agents de labeur habitant sur le sol ou le détenant pour en tirer les fruits, ce personnel se déterminerait de lui-même sur l'échelle des conditions qui précèdent. Il serait tout entier dans les *serfs* et une partie des *vilains*. Les labeurs leur incomberaient au titre d'abord de classe dominée, ensuite au titre de classe pauvre. Mais contre cette délimitation restreinte il y a plus d'un motif; il faut aussi s'abstenir d'en établir une d'après la classification civile uniquement. Le régime seigneurial rendit très sensible en France l'influence soit du propriétaire du sol, soit du créancier des fruits du sol sur la condition rurale, de sorte que ce fut un but permanent que d'amoindrir cette influence, jusqu'à ce qu'elle fût effacée sans retour ou réduite aux rapports de conduction pure et simple.

A l'époque de l'esclavage et au temps du colonat, l'existence du maître est très séparée de celle des agents d'exploitation; le maître vit loin de ceux-ci. Sous le régime seigneurial, c'est différent. Seigneur et agent de culture se trouvent comme attachés à une existence commune. Il y a place pour les démarcations civiles, pour la différence des classes, il y a place en conséquence pour les effets sociaux qui proviennent de ces démarcations. Mais pour l'artisan de la production aussi bien que pour le maître, il résulte de leur rapprochement des éléments d'action réciproque indépendants de leur condition civile à chacun. C'est pourquoi, au moyen âge, l'histoire du personnel de la production ne réside pas dans celle des seuls ouvriers de bras. Quand le travail incombait strictement à une classe qui y était juridiquement destinée, cette classe pouvait avoir des griefs contre celle à qui elle appartenait, voire, à la fin, des intérêts contraires; cela donnait lieu de sa part à des révoltes. Maintenant, la nécessité commune exerce son influence. Elle devient un des aspects de l'œuvre. Celle-ci n'est pas le fait des serfs seulement, et par là elle se rehausse. Ses agents, même secondaires, ne sont plus marqués d'une infériorité indélébile, de sorte que les griefs qu'ils peuvent avoir, les intérêts qu'ils se sont créés deviennent pour eux un moyen d'exhaussement.

Un ensemble d'individus exploitant pour autrui ou pour soi, on pourrait ramener à cette définition générale le personnel de la production sous le régime seigneurial. Certains ont droit aux fruits en tant que propriétaires ou que souverains du sol, mais ne s'emploient en rien à les faire produire. Certains ont le même droit de propriété ou son équivalent en fait, quoique soumis à la sujétion; ils cherchent leur subsistance propre ou ils la complètent en fournissant leur travail à cette production. Certains, enfin, n'ont droit aux fruits que comme étant leur salaire. Une classe de riches ou de puissants; une classe de sujets petits propriétaires, louant tout en partie du labeur qu'ils ne mettent pas à leur propre possession; une classe de mercenaires civilement libres ou non libres, tels seraient, sous ce régime, les degrés visibles. La situation sociale ou la richesse les délimite, non plus l'absolu du droit. Il arrive que la différence de situation ou de richesse accompagne fréquemment la différence de droits civils; mais, en tant qu'individus participant aux œuvres de la production, la personne n'est soumise, à généralement parler, qu'aux différences de patrimoine; et tous indistinctement, même les serfs bien avant le XIIIe siècle, se trouvent aptes à posséder le patrimoine.

Ce patrimoine, qui, dans le domaine des intérêts, forme ainsi des cadres où s'amoindrit sensiblement la classification juridique, se manifeste sous trois espèces, espèces correspondant aux trois situations civiles qu'on vient de voir. Il y a l'exploitation du gentilhomme ou du riche vilain, dans laquelle, directement ou par des intendants, ils font valoir le travail de serfs qui s'y trouvent sous diverses conditions, ou bien de vilains pris soit comme fermiers soit comme colons partiaires ou comme journaliers. Il y a l'exploitation du vilain de richesse moyenne, tantôt comprenant un héritage propre, tantôt une simple tenure et qui, dans les deux cas, admet à proportions moindres les mêmes procédés et les mêmes agents : on descend ici jusqu'à la limite extrême où la petite propriété, les *pauperculi cum suâ progenie* de Varron, sont compatibles avec les choses. Il y a l'exploitation du serf, également domaine propre ou tenure ; il la gère lui-même si les obligations de son servage lui en laissent le temps, sinon il l'exploite par d'autres soit à part de fruits, soit fermiers, soit mercenaires, et soit vilains ou serfs. Les textes font foi, dans plus d'un cas et plus d'une localité, que des serfs furent possesseurs en propre de serfs qu'ils employaient à leur culture.

Ainsi, lorsque les autres régions de la société comportent des classes tranchées, des « personnes » soumises aux effets d'une dépendance hiérarchique, dans la région économique, dans le domaine de la production règnent des faits semblant dérivés d'autres principes que ceux d'où provenait cette dépendance. La propriété du sol ou des fruits du sol peut appartenir à un serf comme à un gentilhomme, à plus forte raison à un vilain. Sans contredit, celui qui fait produire est serf ou vilain le plus généralement ; mais rien n'interdit qu'il soit un gentilhomme. Tout rare que cela puisse être, cela n'a rien d'inconnu. L'existence de tout le monde se passait hors des villes ; la pauvreté n'épargna pas les gentils-hommes plus que depuis. Parmi ces « povres sires » dont parle Beaumanoir[1], qui n'ont « nul home de fief, ou par povreté n'empruntent nuls de ses pers pour fere jugement en lor cours; » ou bien parmi ceux qui, hors d'état de payer les reliefs, avaient obtenu l'*Establissement* de 1235[2], on eût trouvé à coup sûr plus d'un gentilhomme à proprement parler cultivateur, à qui fut commun avec les autres agents ruraux beaucoup de ce qui greva ou fit meilleure la condition de ces derniers. Des raretés de ce genre n'importent qu'en ce qu'elles confirment le caractère très élastique du personnel de la production sous l'état seigneurial.

C'est là un des traits les plus saillants de la société française du moyen âge. Situation très nouvelle et typique, que le travail puisse être choisi, qu'entre lui et l'état juridique il cessa d'exister un lien inévitable sur l'institution duquel l'état social repose. Il en naîtra des conséquences considérables. Le cultivateur ne procédant plus obligatoirement de sa condition juridique, mais pour beaucoup des intérêts économiques, pourra réagir contre les injustices de cet état avec toute la force que portent en eux ces intérêts essentiels. C'est par là que sortir de l'in-

---

1. Chap. LXII, nos 11 et 12.
2. Ordonnances du Louvre, t. I, p. 55.

finité, accroître ses moyens, élever son rang malgré les plus dures vicissitudes, en un mot se frayer la voie des progrès sociaux lui deviendra possible. Il se l'était vu fermer tant qu'il avait appartenu à une classe juridiquement destinée aux labeurs. Cette autre voie, la révolution seigneuriale n'avait sans doute pas eu pour but de la lui ouvrir; mais elle la lui a rendue accessible, on dirait presque normale. Depuis, il y fut poussé toujours davantage par l'irrésistible stimulant né pour lui du contraste de son inégalité, eu égard à la valeur réelle qu'avait son œuvre pour le développement de la société.

On marquerait assez exactement, semble-t-il, par les indications suivantes, le rapport des diverses classes avec le travail de la production matérielle, sous le régime seigneurial. D'un côté, leur participation à cette œuvre est en raison inverse de leur élévation sur l'échelle sociale ; les gentilshommes ne s'y rattachent que par la perception des produits ; beaucoup de vilains arrivent à faire de même; les serfs, eux, l'ont pour destination primordiale. D'autre côté, sauf quant au serf, qui eut ce travail pour obligation juridique dans le principe, loin d'être la cause ou la conséquence nécessaire d'aucune inégalité de droit entre l'agent de production et le propriétaire ou le créancier des produits, elle établit de l'un à l'autre, par dessus tout rapport juridique, les rapports de possesseur à conducteur d'héritage ou à salarié. Il faut seulement ajouter que, suivant l'état serf ou vilain de ces conducteurs et salariés, l'œuvre prend une forme différente, suit une marche à elle, entraîne des conséquences spéciales. D'une manière générale, toutefois, on fait surtout l'histoire des classes serve et vilaine, à retracer les vicissitudes du personnel agricole dans l'ancienne France.

On ne pourra avec quelque exactitude apprécier avec un peu de justesse la situation économique et les progrès de ces classes en tant qu'agents du travail, que si l'on connaît leur condition civile. Mais la situation économique fut essentiellement dominée alors par la constitution sociale. Sur la hiérarchie civile des personnes était greffée une hiérarchie sociale et politique, et celle-ci créa pour les détenteurs du sol, à quelque titre qu'ils le fussent, des modes de posséder les fonds, d'en supporter les charges, d'en partager les fruits, dont il importe au préalable d'exposer les données. Que fut donc à cet égard le régime seigneurial, et quels effets eurent ses lois pour les intérêts ? il importe de le dire.

6. L'institution seigneuriale.

Les conditions d'être faites aux personnes par le régime seigneurial sont restées les mêmes longtemps après l'affaiblissement de ses cadres et de sa puissance; dans le domaine du travail, il donna naissance de même à des nécessités, autrement dit à un ordre économique à lui. Il était de nature, moins que toute autre organisation politique, à exempter le patrimoine et le sort des classes qui le mettaient à fruit, de l'influence que le plan général de la société imprime à la production. Qu'il se fût formé par l'appropriation parcellaire des attributs de la souveraineté, ou que ces attributs se soient trouvés dès l'origine en lui comme suite ou conséquence du domaine privé, il a fait sentir de très près et très arbitrairement l'exercice de ces attributs. Reposant d'ailleurs sur une dépendance organique des possessions et des personnes, il a compliqué de titres et de prélèvements sans nombre les rapports de travailleur à propriétaire. De plus les faits sociaux, quand il cessa de les gouverner exclusivement, passèrent sous l'action d'un pouvoir public très remuant, très onéreux par suite, et dont les vicissitudes retentirent sensiblement dans les intérêts. Ce pouvoir public apporta nécessairement dans l'assiette des intérêts, dans leurs profits, dans toutes leurs attenances, des effets par l'espèce, le caractère, la somme et le poids de ses exigences, aussi par le nombre et la nature des intermédiaires qu'il institua ou laissa placer entre eux.

Même loin des commencements, il est possible de déterminer assez exactement la nature et les modes d'action qu'eut le régime de la seigneurie sur les choses. Bien plus, il n'est pas indifférent de se trouver pour cela à distance; on comprend peut-être mieux alors comment, par quoi, en quoi ce qu'avait établi ce régime fut plus ou moins changé au cours du temps. Le XIIIe siècle est le moment d'où l'on domine à la fois la phase d'ascension et la décadence de la constitution seigneuriale. La royauté a déjà affaibli les ressorts de cette constitution antérieure à elle. Le droit civil, passé de l'état d'usage non écrit à un certain état de rédaction, porte l'empreinte de premières altérations et, à la fois, l'annonce de changements futurs. L'équilibre des classes pourra visiblement être déplacé par des influences qui révèlent l'action de la vie d'ensemble, autrement dit d'une existence nationale. Philippe-Auguste va soumettre aux premières exigences d'un gouvernement général la seigneurie, devenue déjà nuisible à la production. Ce qu'elle a été et ce qu'elle a fait ressort d'autant mieux que ce qu'on s'efforce de lui substituer ou d'introduire en elle est précisé. On peut juger avec plus de vérité la condition, l'existence, les perspectives que les classes vouées au travail ou les intérêts qui en étaient provenus avaient trouvées sous elle.

Il est visible à cette date que l'état originaire de la seigneurie et celui du fief sont perdus de vue. L'agent de la production a tiré d'eux, avec la force individuelle et l'assiette sociale, le besoin et l'énergie du progrès; il s'efforce maintenant de détruire les barrières ou les gênes qu'il y trouve. Plus de vestiges de l'ancien esclavage; les *servi foreuses* dont Philippe-Auguste approuve la manumission par un acte de 1208, doivent être une des dernières traces de l'esclavage rural en France [1]. Le servage aussi est entamé, sa constitution originaire s'amoindrit tous les jours, les faits la comportent de moins en moins, des doctrines la condamnent publiquement. La sujétion à la seigneurie, autrefois absolue et arbitraire pour le libre comme pour l'affranchi, est désormais contenue, réglée ou peu à peu rachetée; elle n'a plus la même puissance d'empêcher que le travailleur du domaine seigneurial s'élève, le même pouvoir de stériliser ses efforts à le faire. Les vicissitudes

1. Acte cité dans l'*Introduction au Cartulaire de Saint-Père de Chartres*.

qui ont amené cette situation nouvelle et les choses qui en résultent sont perceptibles comme d'une sorte de point de partage des faits. Vers le passé on voit les classes et les intérêts s'efforçant de quitter les manières d'être, les conditions de travail ou d'existence nées de la confusion de peuples et de lois qui fut le berceau de la féodalité ; vers notre âge, c'est le mouvement social de la France avant 1789 qui apparaît. Le patrimoine rural et son personnel sont désormais acheminés à la liberté civile ; ils marchent à la conquête de l'entière liberté sociale.

Le terme de « régime seigneurial », celui, suivant le mot usuel, de « féodalité » désignent la société ayant remplacé l'Empire de Charlemagne ; ils expriment essentiellement les liens civils et les rapports d'intérêt qui rattachaient entre eux les hommes de cette société autrement constituée. Liens et rapports qui ne sont aucunement particuliers à la France. Le fief, en tant que grande possession, se montre partout, et là où il est d'usage de lui assigner pour date la décadence du vaste État carolingien, il a été antérieur à cette décadence. Il est l'association primitive, tribu, clan, patronage, modifiée par des circonstances plus compliquées que celles des premiers temps. Il s'est établi suivant l'utilité respective de défense ou d'ambition qui est née de ces circonstances. Il n'a même rien d'incompatible avec un pouvoir supérieur; soit en notre pays soit ailleurs dans l'Occident soit dans l'Orient, on l'a vu, au moyen âge et depuis, rester la forme sociale de monarchies puissantes.

Ce qui fait expressément du régime seigneurial et de la féodalité une époque particulière, c'est qu'outre une manière d'être des personnes et des possessions elle a été un gouvernement. La souveraineté s'y est jointe au patrimoine. De là, une existence et des nécessités politiques qui ont étendu leur action sur tous les intérêts. Cela durant une période de plusieurs siècles. Lors donc que l'on regarde aux choses dans les temps où régna cet état social, il faut tenir compte de la double et cumulative influence, économique et politique, qu'il exerça sur elles en raison de la dualité de son principe. En soi, la seigneurie féodale a sans doute pour origine la propriété. Que l'ancienne tribu se trouve soumise à des événements qui y développent la vie politique, telles que la guerre ou la conquête, le personnage qui préside à cette tribu ou qui y commande devient rapidement pour elle un chef qui a des compagnons. Il les récompense et ceux-ci s'en attachent d'autres. Il a conquis des terres qu'il distribue et qui se subdivisent. C'est déjà le *fief*; la *vassalité* et le *bénéfice* se forment ainsi. Par la pensée on suit aisément l'association patriarcale, de l'état communautaire primitif au clan celtique ou germain, au vasselage druidique et gallo-romain, en fin de compte au fief du xe siècle et des siècles suivants. L'érudition, qui plus est, fait parcourir à peu près, documents en mains, ces étapes successives.

D'une façon analogue naît la seigneurie pourvue de la souveraineté. Qu'on place le possesseur de fief sous une administration gouvernementale obéie, il reste un grand propriétaire entouré d'influence sur un territoire habité. Cette administration gouvernementale constate et consolide en lui tout cela. Elle y ajoute des attributs de juridiction, de police, de perception des tributs ou de leur maniement. Voilà les *possessores, potentiores* des empires gallo-romain et carolingien. Mais le gouvernement entre dans une de ces phases d'anarchie qui marquent les désorganisations ou les décadences; ses agents en viennent à opprimer et à spolier, soit pour le compte du pouvoir à bout de ressources soit pour le leur propre; les administrés cherchent alors autour du riche possesseur la protection qu'ils ne trouvent plus dans le gouvernement et qu'ils sont impuissants à se donner. A raison de ce patronage, les pouvoirs de ce riche s'augmentent; il accroît peu à peu ses attributs politiques, de sorte que la force publique et une part notable de souveraineté suivent rapidement. Voilà le grand patrimoine transformé en seigneurie politique par le patronage, par la *recomandation*, pour employer le mot que fournit l'histoire même. Ce grand patrimoine se constitue individualité agissante, ou bien il s'associe à des individualités voisines pour en former ensemble une mieux garantie : c'est le régime féodal.

Si, d'autre part, on se figure le haut fonctionnaire retenant pour lui-même l'autorité ou la protection qu'il exerçait pour le pouvoir public, les « comtes », « vicomtes », les *judices,* toute la hiérarchie administrative des deux premières races se créant ainsi la fortune et la puissance que peuvent donner la concentration de la juridiction, des impôts, de la force militaire dans les mains d'un particulier (et les faits ne furent pas sans beaucoup autoriser l'hypothèse), usurpation facile quand le fonctionnaire est, comme alors, rétribué au moyen d'une délégation des tributs ou par la concession de terres fiscales ; quand il y a hérédité de fait ou de droit dans ses fonctions ; quand l'impôt public est tenu à ferme. Si l'on suppose en outre les subordonnés imitant cette usurpation, la secondant, l'accélérant par là même, on aura vu se créer une autre série de puissances privées. Elles n'auront de fondement et leurs manifestations n'auront d'origine que dans les attributs politiques exercés auparavant, comme fonctionnaires, sur toute personne et sur toute chose sujette du gouvernement dissous, autrement dit sur ses contribuables : personnes et choses de tout rang social, moyens ou petits possesseurs, bourgeois ou artisans des villes, censitaires, tenanciers de culture rurale ou salariés. Que l'on se représente enfin ces deux éléments de pouvoir, déterminés chacun en leur espèce et localisés, se mêlant plus ou moins en se mouvant côte à côte, s'associant par groupes qui prennent vite pour ennemi le groupe voisin, en définitive formant un ensemble de petits États juxtaposés qui se créent, chacun proportionnellement, les mêmes intérêts et les mêmes vicissitudes que des États plus grands, on aura vu, d'une manière sommaire, se former, prendre assiette, agir sous deux origines distinctes les éléments de la féodalité en France.

Du fait de cette double provenance, une double action dut être causée par la seigneurie sur le sort et sur les intérêts des classes à qui incomba le travail de la production. De son origine domaniale viennent les lois d'association purement privée que l'œuvre rurale autour du chef appelait naturellement : c'est la hiérarchie du fief proprement dit. Elle comporte des services de travail avant tout, probablement de juridiction ensuite, plus tard de guerre et, aussi, honorifiques, mais elle ne comporte que ceux-là. De sa nature de souveraineté, au contraire, dérivent les redevances créées par l'autorité publique, celles qui correspondent au droit de commander, d'imposer, de juger, de punir, autrement dit d'obliger à payer ou à faire à raison des besoins ou des nécessités publiques ; c'est l'inépuisable série des tributs ou impositions transmis par le fisc impérial à celui des rois barbares, repris et remaniés sous les règnes carolingiens. Que les délégués de tout ordre se les soient appropriés ou que le possesseur du fief les ait successivement établis pour lui-même, de proche en proche ses bénéficiaires se les sont disputés ; continuellement, ils ont été accrus d'extensions ; ils ont formé bientôt une seigneurie à eux seuls. Encore après la révision des coutumes, au XVIe siècle, la *seigneurie de justice* les eut pour attributs.

Il est visible que, pour le « Fief », culture du sol et cultivateurs étaient l'objet immédiat, le moyen naturel et légitime du revenu et des prélèvements annuels qui le constituent. Pour l'autre élément de la seigneurie ils ne furent que l'occasion exploitable. De là une notable dissemblance, dans les suites, pour la condition et les vicissitudes des personnes asservies et des personnes sujettes. Et comme les deux éléments de la seigneurie formèrent tantôt des titres séparés, tantôt se trouvèrent réunis dans la même main, d'autres dissemblances sont provenues encore selon que ce personnel et ses intérêts se trouvèrent soumis aux deux aspects à la fois, au *fief* et à la *justice* ensemble. La conséquence quant à chacun de ces éléments n'est marquée nulle part plus nettement que dans les liens des personnes avec l'un et avec l'autre. Par le *fief*, c'est-à-dire par la propriété territoriale, le seigneur eut des associés ou « vassaux », des détenteurs à bail ou à conduction, des ouvriers dont le travail et plus ou moins l'existence étaient sa propriété, soit des travailleurs de bras dénommés encore *serfs* quand cet état juridique avait en réalité cessé d'exister pour eux. Par la *justice*, c'est-à-dire par la portion des attributs de la souveraineté qu'il possédait à n'importe quel titre, le seigneur n'eut que des sujets ou hommes sous sa puissance, les « hons de poeste » de Beaumanoir. Ceux-ci pouvaient être rattachés déjà comme censitaires, comme conducteurs d'héritages, comme salariés, au personnel du fief ou n'y tenir en rien (dans ce dernier cas la plupart des bourgeois, des artisans, des gens de négoce des villes et des bourgs.) Dans les deux cas, le seigneur, de par l'élément justicier, avait souverainement impôt sur leurs biens, sur leurs revenus, sur leur commerce, sur leur activité productrice quelle qu'elle fût; cela à raison du seul droit politique de sujétion, droit constaté pour lui par leur domicile, par leur qualité de *couchants et levants* dans l'étendue de sa seigneurie, autrement dit par leur qualité de *vilains.* « Vilain, écrit Charondas, c'est-à-dire le couchant et le levant en la terre d'un seigneur[1]. » Les coutumes, au XVIe siècle, ont fait, par suite du vilain le *sujet en justice*.

7. Les intérêts sous la seigneurie.

Fief et *justice* : en admettant que ces deux dénominations ne correspondent point chacune à une origine et à un caractères propres, d'où une existence distincte dans l'état seigneurial, elles indiquent en lui deux aspects sous chacun desquels il y a lieu d'en étudier les effets. On entrevoit déjà que la *justice* a dû tenir plus de place que le fief dans les résultats bons ou fâcheux provenus de lui quant au travail et aux possessions. Il est visible également que ce qui se réfère foncièrement au mode de possession, de travail, de partage des fruits, dépend surtout du fief. Différenciée ainsi par la nature et par la hiérarchie des rapports, la seigneurie de fief paraîtra plus distincte encore si l'on examine ces rapports dans le détail.

Dans le fief, d'abord, les manières d'être eurent

---

[1]. Sur la *Somme rurale*, note C du chap. LXXXIV.

pour unique loi les lois de l'association, et pour principe à vrai dire latent le consentement, le contrat. A laquelle des deux origines germanique ou romaine que l'on fasse remonter le lien féodal; qu'il ait pris sa source dans la *recommandation*, dans la recherche du patronage d'un *possessor*, d'un *potens*, d'un chef redouté; que cette source fût dans le *bénéfice*, c'est-à-dire dans la distribution à charge de services que, l'un comme l'autre, ils firent de leurs terres, on ne saurait lui reconnaître d'autre point de départ que la convention. Convention plus ou moins inévitable ou violentée, sans doute, mais toujours censée préexister. Le droit civil n'a cessé de la supposer; il a appliqué aux litiges féodaux les principes des contrats pendant plus de six siècles.

D'autre part, le premier effet, l'effet fondamental du *fief*, fut d'établir à tous les degrés la subordination du sol au sol, et, par le sol, des personnes aux personnes. Dans la propriété, séparer le domaine de la possession, en même temps les relier l'un à l'autre et leurs détenteurs respectifs les uns aux autres par un rapport hiérarchique, voilà ce qui caractérise le *fief* et le constitue. Le contrat de fief, en se généralisant, arriva de cette manière à concentrer la pleine propriété dans un petit nombre de mains, celle des *seigneurs*; il ne laissa qu'un certain usufruit au plus grand nombre, formé des *vassaux*. Par les dénominations de *domaine direct* ou *éminent*, et *domaine utile*, la langue juridique du moyen âge exprima, comme on ne pourrait pas le faire avec celle de maintenant, la nature et le rapport de ces deux faces de la propriété. Deux faces complètement inconnues hors du régime féodal. Elles ne correspondent aucunement aux divisions soit romaine, soit moderne de *propriété* et *usufruit*, *propriété* et *louage*, l'usufruit et le louage ayant très habituellement coexisté avec les dominités *directe* et *utile*.

Dans cette hiérarchie primitive, les besoins sociaux multiplièrent les dérivés. Deux classes de vassaux se formèrent ; l'une pour les services de guerre, de parade, de judicature ; ce furent les *services nobles* ; l'autre pour assurer la production des objets de subsistance, le revenu territorial, *services roturiers*. De là deux sortes de tenures, celles *in feodo*, fiefs et arrières-fiefs des coutumes, celle *in censu*, la *censive*. De la censive, subdivisée à l'infini par la complication de la vie sociale, autrement dit de la sous-inféodation continuelle de tout ce qui était revenus dans le sol, est née une suite de rapports de même nature qu'elle entre le travailleur effectif et le possesseur du sol ; rapports créant une série correspondante de redevances terriennes qui se rattachaient les unes par les autres au fief originaire. Ces redevances formèrent dans leur ensemble la seigneurie proprement féodale sous son aspect *utile*.

C'est par-dessus ces dépendances, exclusivement territoriales et consensuelles, que la seigneurie justicière vient étendre ses droits. Chez elle nulle hiérarchie, si ce n'est la gradation d'agents, de fonctionnaires qui sont chargés des perceptions et du contentieux qui en dérive : les *sénéchaux*, les *connétables*, les *baillis*, les *sergents*. Là, nul contrat originaire supposable, mais la seule sujétion politique et le fait devenu le droit par usage.

Sur des sujets appartenant à des classes et à des fonctions sociales diverses, cette seigneurie prélève des tributs qui frappent toutes les manifestations de leur activité, manifestations témoignant en effet de leur aisance ou en donnant la mesure. Elles dévoilent la satisfaction qu'ils donnent à leurs besoins, la seigneurie opère ses prélèvements en conséquence, sous des différences de quotité; ce sont les *droits seigneuriaux*, exigeants et subtils comme savent l'être les prélèvements fiscaux. Droits devenus très vite arbitraires, trop de fois spoliateurs, qui, pendant des siècles, ont excité l'opposition ou la haine des populations sur qui ils portaient. S'ils avaient été domaniaux, ils se seraient forcément réduits, en définitive, à la part de l'impôt dans le revenu du contribuable; le vice qui leur fut continuellement reproché au contraire par les classes sujettes, celui qu'on voit celles-ci continuellement jalouses de conjurer, c'est d'étendre les perceptions jusqu'à ne laisser au sujet qu'un reste insuffisant. Or, ce reproche, les seuls attributs de la seigneurie de *justice* le suscitèrent, nullement ceux de la seigneurie de *fief*. Jamais celle-ci n'a connu la même guerre; les classes reliées à la hiérarchie domaniale trouvèrent plus ou moins dans le fief les procédés de propriétaire à exploitant commandés par sa nature. Aussi l'élément fief resta-t-il sinon incontesté, du moins respecté, relativement parlant, jusqu'au moment où il prit les procédés de l'autre élément de la seigneurie. A l'inverse, l'élément *justice* parut de très bonne heure et de plus en plus formé d'attributs dont le titre était injustifiable. Le pouvoir public, en progressant désormais, rendit ces attributs moins justifiables encore parce qu'il les exerça mieux et pour une utilité plus reconnaissable. Les efforts de la seigneurie pour les maintenir se traduisirent par des exactions qui ne contribuèrent pas médiocrement à leur ôter toute raison d'être dans l'esprit des populations vilaines. Celles-ci crurent ne pouvoir être affranchies tout à fait qu'en détruisant la seigneurie même. Presque partout, à la fin, elle avait en effet revêtu les deux attributs de *Justice* et de *Fief*.

Je dirais volontiers que l'hypothèse de la confusion des attributs justiciers et féodaux dans les mêmes mains est nécessaire, pour prendre la notion complète des rapports respectifs soit du travail soit des intérêts de possession avec la seigneurie. Cette confusion eut des cause multiples, quelquefois régulières, plus souvent abusives ; elle eut en conséquence des effets inégaux sur les intérêts. A peu près entièrement réalisée dans le XIIIe siècle, elle ne fut pas un moment sans influence postérieurement. Depuis lors, vilains et serfs ont fait des efforts continuels pour alléger le poids de ses charges ou amoindrir les entraves qu'elle leur imposait. Ils ne purent avoir pour indifférent ni sa nature ni son origine ni que les éléments en fussent ou non confondus, car féodales ou justicières les charges et les entraves s'appliquèrent d'une manière tout autre pour eux. D'une part, ce qui venait du fief étant contractuel, put être jusqu'à un certain point mesuré d'avance et proportionné ; or, toutes les personnes à qui la loi ou l'usage permettaient de s'obliger, le vilain, aussi bien que le gentilhomme, comme eux le serf dès un temps déjà ancien au XIIIe siècle, furent admis aux engagements du fief. Mais, d'autre part, l'élément de *justice*, descendant de l'impôt, ne s'étendit que sur ceux qui étaient soumis à l'impôt, c'est-à-dire sur une seule des trois classes. Il va sans dire que la *justice* n'atteignit pas le gentilhomme, exempt en principe de toute sujétion et de tout impôt, ayant même cette exemption pour attribut caractéristique. Elle ne frappait pas davantage le serf, parce que le serf n'avait de personnalité ni civile ni politique, ne comptait que comme chose. Ce qui était de *justice* dans la seigneurie porta donc sur le vilain. Propriétaire ou conducteur d'héritage, simple journalier de même qu'habitant des villes, artisan de métier ou de négoce, c'est lui, le « couchant et levant », qui fit les frais de l'énorme revenu justicier. Quand la justice greva de ses droits ou de ses exactions l'héritage censitaire ou donné à rente, à colonnage, à ferme, le travail du journalier, par retour le propriétaire gentilhomme laïque ou ecclésiastique de cet héritage ressentit bien la pesanteur des prélèvements; ce fut même la source d'une multitude de transactions sur dommages et intérêts qui, la plupart, attestent amplement la nature abusive et les procédés violents; mais c'est l'agent libre de la culture, le vilain, qui les supportait le premier et devait en être le plus grevé. Les conductions libres devinrent le fait du serf dans des proportions si minimes, relativement au nombre de vilains qui les eurent pour industrie nécessaire, que ces exceptions furent de peu d'allègement à la règle.

Ainsi se confirme ce qui a été dit précédemment sur la différence, causée par les institutions féodales, entre la condition du *vilain* et celle du *serf*. Est entrevue aussi celle qu'elles établirent conséquemment entre le mérite respectif de chacune des deux classes dans les faits. Au serf le rôle passif d'agent immobilisé au domaine par destination; dès lors peu de chances économiques redoutables, rien que des privations civiles. Au vilain l'action et la responsabilité avec toutes leurs charges; de plus, outre les risques de l'entreprise rurale proprement dite, outre l'obligation de s'y consacrer pour vivre et pour grandir, tout le fardeau des prélèvements procédant de la *justice*. On se rend compte de même, plus exactement qu'on ne pouvait le faire auparavant, du caractère civil et social de ces classes; on voit que donner le nom de *serfs* sans distinction aux foules sur qui le régime seigneurial a pesé, ce serait se méprendre entièrement. Ce régime a usé du servage, mais il n'y a pas entre eux un lien nécessaire; le servage n'est pas un effet de la seigneurie, cela à quelque époque que l'on se place et sous lequel de ses côtés, domanial ou fiscal, que l'on envisage celle-ci. Le serf n'a trait qu'à la propriété; il n'existe que par elle et pour elle; il ne se trouve dans le système seigneurial que comme tout autre objet d'utilité et d'appropriation existant à son époque. En tant que justice ou en tant que fief, ce système n'a pas créé un seul serf; il aurait disparu, que le servage serait resté un des moyens tenus pour indispensables d'assurer la production, dans les circonstances sociales régnantes. Si le seigneur a possédé des serfs, c'est en tant que propriétaire de domaines, nullement à titre de seigneur. Toute personne jouissant de la même capacité hors de la seigneurie put en posséder semblablement, et c'est pourquoi des serfs furent propriétaires de serfs.

Le servage étant donné et le régime seigneurial existant, le serf ne figure donc que dans les faits particuliers à la seigneurie de fief. La *justice*, elle, n'a pas de serfs, ne pouvant tirer d'eux aucun attribut; si le seigneur de justice en possède, c'est qu'il est aussi seigneur de fief. Les juristes du moment ne laissent en cela aucun doute : « Le droit que j'ai sur mon serf est du droit de mon fief, » écrit Beaumanoir[1]. Comme on appelait le vassal *homme de fief*, le vilain *homme de poeste*, on appela le serf *homme de corps* (*hons de cors*), exprimant par là avec une justesse précise la nature juridique du serf et ce qui subsistait alors de l'ancien droit de s'approprier la personne humaine.

Très différents furent ainsi, dans le moyen âge et après, à raison de leur situation économique respective, les moyens d'avancement social pour les *serfs* ou pour les *vilains*. Jusqu'au moment où le progrès réduira le servage à une exception sans importance, chacune des deux classes doit donc être envisagée séparément quant à l'acheminement vers l'égalité civile, autrement dit vers la

---

1. Chap. LXV, n° 25.

possession de tous les droits. C'est seulement à partir de la révolution législative du XVIe siècle appelée la « Réformation des coutumes », qu'en matière historique il peut être question de la société française dans son ensemble. Avant ce moment les vicissitudes se localisent en quelque sorte, se diversifient entre des classes de personnes n'ayant ni la même nature juridique, ni une situation semblable au milieu des faits. La classe *serve* et la classe *vilaine* ont chacune dès lors une histoire distincte.

LES SERFS

CHAPITRE I

CARACTÈRES PROPRES ET ORIGINE PROBABLE

Quand on veut regarder à l'histoire du servage, la question de sa provenance se pose d'abord. A tenir cette condition des personnes pour l'altération heureuse, mais altération pure et simple de l'esclavage, se ferait-on de sa nature une idée exacte ? Fut-elle la descendance par amélioration de la servitude personnelle antérieure à elle, ou au contraire n'a-t-elle pas les caractères qui révèlent une origine propre ?

Le servage a été pris sans hésiter pour l'esclavage amoindri progressivement par le cours des choses. Ce n'a pas été, toutefois, sans de certaines réserves. Généralement, on n'a guère contesté qu'il ne dérivât d'une autre tradition que celle de l'Orient et de Rome; mais, en tant qu'état de l'individu, on lui a rarement attribué une autre provenance que la tradition latine. Les personnes placées sous sa loi, on les a vu appeler d'un autre nom que celui par lequel la non-liberté était désignée à Rome, mais non que, pour cela, fût reconnue en elles une condition nouvelle et originale. Le plus souvent, on a accepté qu'entre l'esclavage, tel qu'il existait d'après les lois romaines et la servitude du moyen âge, il y a uniquement la différence de plus à moins quant aux effets, et quant à l'histoire une filiation régulière dont le colonat fut le nœud. L'idée de l'ubiquité de l'esclavage comme condition originaire du travail a peut-être dicté en partie cette opinion.

Il y a une question de génie social à ce que cette opinion prévale ou soit réformée. Suivant la solution qui sera donnée, l'aspect des faits changera dans des parties essentielles. Beaucoup d'erreur a pu dériver de ce que, dans la société gallo-romaine, l'on cherche surtout la continuation de l'Empire latin, non une continuation de la société antérieure à lui. N'a-t-on pas trop perdu de vue cette société précédente, qui a si visiblement survécu par tant d'autres et essentiels côtés ? Les principes dont elle procédait étaient propres à modifier les institutions importées de Rome, tout autant qu'à les subir. On ne veut jamais trouver que Rome, au point de départ des nations de l'Occident. Il est bien positif que la suite des choses conduit de l'Empire romain aux Empires barbares, de ceux-ci au régime féodal puis à la royauté française ; on a donc jugé naturel de faire succéder le servage à l'esclavage par voie directe, par simple dégénérescence, par amélioration si l'on préfère.

Cette conception du servage irait un peu de soi si l'on s'en tenait aux considérations économiques. Si l'on ne visait qu'à résoudre l'état des personnes et les rapports entre elles en rapports d'intérêt, si, du plus rigoureux ou du plus dégradé au plus libre on ne reconnaissait qu'une simple modification de la nature du salaire, de sa quotité, de sa manière, ce serait une interprétation suffisante. Mais les principes sociaux en eux-mêmes influent sur tout, sur les formes des sociétés, sur leur développement, donc sur les conditions sous lesquelles y furent les personnes comme sur le reste. Il y a une virtualité sociale, pour ainsi dire, qu'il faut déterminer. Ce qu'a été à ce point de vue la France en tant que Gaule devenue romaine, il serait fort compliqué de l'exposer, peut-être médiocrement praticable aussi de l'appuyer de preuves. L'érudition, en cet ordre de matière, s'est jusqu'ici inspirée particulièrement de l'idée de filiation latine et il a été difficile qu'elle s'y prît autrement ; les documents sur lesquels elle peut fonder ses notions sont presque tous latins, et ce sont des latinisés de vieille date qui les lui ont transmis. Les notions différentes, il faut surtout les demander à la probabilité des choses. C'est l'induction provenue de cette probabilité qui, le plus souvent, les fournit seule. Est-ce une source à suspecter? il ne faut pas le prétendre. L'érudition n'est pas tout; si on la rend souveraine, elle reste impuissante à reproduire l'histoire vivante, comme les descriptions anatomiques le sont à donner autre chose que l'idée matérielle de l'individu. Elle décompose, elle analyse, elle échoue à refaire. Les causes génératrices et cachées, les lois morales des choses, l'induction les fait conséquemment apercevoir; plus d'une fois elle les a fait découvrir. Elle ne va pas sans des dangers d'erreur, sans le péril de la précipitation dans les jugements; mais elle devance, et la vue est ouverte par elle. Dans les matières d'ordre moral, quelle impulsion féconde les *a priori* n'ont-ils pas donnée à l'esprit humain! L'induction n'est pas sans un rôle analogue dans la matière de l'histoire.

Le *serf* du moyen âge est-il né de l'ancien *esclavage*? Il y a tout au moins des invraisemblances que le fait ait eu lieu. Une première, c'est que longtemps après l'institution du *colonat*, sous les derniers empereurs chrétiens, quand la condition des non-libres, des colons parmi eux nécessairement, arrivait comme tacitement à la liberté, la législation ne se borne pas à maintenir un esclavage parfaitement spécifié; elle l'établit à nouveau. Comment expliquer ce retour, s'il était vrai qu'une tendance générale existât à transformer l'esclavage. Puisqu'on le réinstituait, c'est que dans ce vaste empire se désagrégeant, il y avait, quelque part, des conceptions contraires à celle qui tendait à prédominer. Or, celle-ci, c'était la conception du servage.

Autre raison d'invraisemblance. L'esclavage, en se modifiant, devait-il devenir le servage? Les moyens termes, les états relatifs ne restaient-ils pas fermés à l'esclavage latin? La servitude latine est absolue par essence. Si, à raison de plus de respect de la personne humaine sous l'influence de la morale stoïcienne et du christianisme l'esclavage reculait, comment devait se marquer ce mouvement, sinon par l'affranchissement complet? C'était l'unique voie juridique existant pour cela. Ses personnes auraient pris place dans les liens de clientèle, dans un vasselage doué de plus ou moins d'indépendance sociale, ou bien, suivant les degrés, dans le servage, qui certainement existait parallèlement à lui. A supposer qu'il fût dans la nature de l'esclavage de se voir restreindre par ensemble, progressivement affaiblir en ses caractères par la reconnaissance en lui d'attributs civils et sociaux, n'aurait-ce pas été en donnant naissance à d'autres états que l'état de serf? Dans l'ancien esclavage ni un principe n'existait, ni une tradition, aucun élément d'où l'état de serf pût sortir. Du principe d'appropriation de l'homme, qui créa l'esclave latin, à celui de dépendance foncière qui constitue le servage, n'y a-t-il pas une contrariété de fond et de conséquences excluant tout rapport de descendance entre l'un et l'autre et révélant l'influence d'idées sociales très différentes?

Il est possible d'aller plus loin. On a dit avec une compétence indéniable que les formes de l'asservissement se modèlent ou se proportionnent aux sociétés qui s'en servent. On a expliqué en conséquence que dans la Grèce et à Rome, à Rome surtout (car l'esclavage grec semble beaucoup plus près de la condition des serfs que ne l'est l'esclavage latin), celui-ci eut le caractère de possession arbitraire, de conquête absolue de la personne, d'état sans garantie ni fixité, parce que dans ces civilisations compliquées il correspondait aux besoins d'individualités sociales de haut degré, d'aristocraties fortement constituées et ayant à se faire servir avec absolutisme. Il a paru, au contraire, qu'une constitution plus dépendante des choses ou des intérêts économiques que de la volonté, devait dicter un mode tout différent à l'Occident barbare; que là, la culture du sol fut forcément sa cause essentielle, son but et que, travail malaisé sous des climats rudes, ayant cependant une utilité première par l'absence de commerce et par le défaut de fixité politique, il exigeait des agents plus rétribués, c'est-à-dire jouissant de manières d'être plus attrayantes. Alors on a cité en exemple le colonat, naissant en plein esclavage latin le jour où des exigences de ce genre se sont présentées[1]. C'est demander aux seules nécessités de lieu ou d'époque les motifs de la différence entre les modes de dépendance imposée aux personnes. Or il semble que ce n'est pas assez ; le colonat, par les circonstances de son institution comme par sa nature, en offre un des premiers et des meilleures indices. L'intéressant, en effet, réside à savoir si ces nécessités n'attestent pas autre chose que cela, s'il ne ressort pas de cette diversité des lois sociales une contrariété primordiale de principes et de fond.

Le colonat est plus que l'inverse de l'esclavage latin, plus que sa contradiction positive ; il est sa négation. Dans les faits de l'ordre social, les négations pareilles ne se produisent pas sans que la conception qu'on a de lui ne soit déjà ouvertement changée. Quand il constitua l'ancien esclavage en une personne approchant de la vie libre, possédant une partie des droits de famille et de propriété, le colonat fut la preuve qu'une autre notion de la personnalité humaine

---

1. Cf. Wallon, *Histoire de l'esclavage*, t. 1.

existait et était pratiquée. De là, nécessité non seulement d'en rapprocher l'esclavage, mais même de l'y jeter tout entier. C'est pourquoi, à la place du déni de toute personnalité qui était auparavant en lui, de droit public et de fait universel, une doctrine qui affirme le contraire, qui a ce contraire pour fondement, qui le donne pour but, prend pied et passe comme autoritairement dans les réalités sous le nom de *colonat*. César, Tacite nous ont appris combien la condition des non-libres dans la Gaule et dans la Germanie parut différente, en leur temps, de ce que l'esprit romain concevait. Que l'on rapproche de leur témoignage ce que les codes galliques attestent de respect pour la personne à tous les degrés de l'état social, on est conduit à entrevoir que par l'effet d'un genre particulier d'existence, ou en vertu de notions morales inconnues de Rome, il existait chez les peuples d'Occident une tradition exclusive de l'esclavage proprement dit. L'individualité humaine, la personne morale, semble s'y attester comme étant un fond imperdable. Limiter plus ou moins cette individualité dans ses manifestations civiles et sociales peut y devenir utile, mais la respecter comme l'attribut d'une créature responsable, active, paraît y constituer un principe imprescriptible, exigeant que sous la dépendance la liberté reste latente. On dirait que les limites y sont mises pour la fortifier, pour qu'en étant contenue elle soit préparée plus sûrement à son essor naturel. Il n'y a pas, de là, un grand pas à faire, pour dire que ces principes, innés en particulier dans l'Occident gaulois autant que s'approprier la personne en fut un incontesté dans l'antiquité latine, firent donner cette personne au sol, à la *glèbe*, au lieu de la vouer à l'arbitraire disposition de l'homme. D'où l'on peut induire que c'est ce qui fut recherché dans le colonat.

Il semble que ces principes imprégnèrent jusqu'aux liens purement politiques. On dirait qu'ils fondèrent le *vasselage* sur la pleine liberté civile, tandis que la *clientelle* romaine fût dépendante au contraire, en quelque sorte servile. Chez les peuples de l'Occident gaulois, en effet, les principes et les formes de l'asservissement suppressifs de toute individualité civile ne s'établirent jamais. Quoique ces peuples fussent fournis de captifs par la guerre et quoique certains, comme les Francs dans la Gaule jusque vers le xe siècle, les Danois et leurs successeurs en Angleterre bien plus tard, aient soumis ces captifs à des conditions si dures qu'elles sont voisines de l'esclavage[1], le peu de

---

1. Sur tout cela, Cf. Guérard, *Prolég. d'Irm.*, §§ 148, 149, et Appendix, p. 363; Blakstone, livr. II. — Les Francs n'étendirent pas l'esclavage au delà des services domestiques; les Danois au contraire en portèrent les effets même dans la vie rurale; chez eux et en Angleterre, la vie rurale en a conservé les entraves presque jusqu'à notre époque. — Il y a un travail intéressant de Geffroy sur le servage en Danemark, dans la *Revue des Deux Mondes* de 1854.

manifestations que ces principes y eurent ne leur donna qu'un rôle d'exception et une durée passagère. On peut penser qu'ils leur seraient restés inconnus si Rome n'y avait pas importé, directement ou indirectement, et, dans une certaine mesure, imposé les réglementations savantes qu'elle en avait faites, appuyées sur les subtilités de sa jurisprudence.

De tout cela on voudrait conclure, et s'en voir autoriser tout à fait par les découvertes ultérieures de l'érudition, que le servage fut la continuation dans l'Occident, à travers les influences romaines, de modes particulièrement propres à la société qui était appelée *barbare* à Rome. On aimerait à trouver en lui l'origine, la suite, le développement normal de cette « organisation primitive et naturelle, » donnée il y a longtemps pour une des sources du colonat[1]. Du servage à l'esclavage, il y aurait ainsi la différence de deux civilisations entièrement opposées par leur fond propre, autant que par leur moment et par le territoire qu'elles occupèrent. Le servage aurait été, pour le monde occidental, le mode de la non-liberté en tant que condition organique du travail, comme l'esclavage l'avait été pour le monde ancien. Entre le servage et cette possession arbitraire de l'homme à titre de chose qui constitue l'es-

---

1. Guizot, *Histoire de la civilisation en Europe.*

clavage, d'autres rapports n'auraient existé sinon des rapports de contact, le mélange d'effets que devait naturellement produire la confusion, sur le même sol et sous une même loi, plusieurs siècles durant, des peuples dont ils émanaient l'un et l'autre. On pourrait affirmer, alors, que pour la délimitation juridique des personnes, le colonat devint la législation de ce mélange social, mélange servant en quelque sorte de pont à la tradition des peuples occidentaux pour passer dans les modes civils du monde latin. Le colonat ne présenterait ainsi que l'application, à la société romaine, du principe et des formes habituelles quant à la dépendance des personnes chez les peuples du Nord ; application par voie de dictature administrative succédant à une pénétration préalable. Tel aurait été le sens de la grande réforme dioclétienne qui le généralisa. Toute vitalité cessait dans l'Empire faute de production. Le travail était devenu nul. Les populations vaincues le refusaient sous les vieilles formes serviles. Le manque de sécurité et de garanties le rendait d'ailleurs impuissant dans les mains libres. Pour le relever, pour lui donner des plans plus profitables et moins discrédités, les empereurs furent conduits à emprunter à la Gaule la discipline sociale qu'ils y voyaient entretenir des populations plus robustes. La glèbe étant dès lors substituée à l'homme dans la possession, l'élément d'individualité qui faisait le fond du servage pénétra dans l'ancienne servitude autant que la force des habitudes sociales, cette puissante raison d'être que l'ancienneté inculque aux choses dans toute société compliquée par le temps, pouvait y laisser entrer et s'y former des principes et des rapports nouveaux.

Jusqu'ici, a-t-on trouvé aucune autre explication historique satisfaisante du *colonat* en regard du *servage*? Les définitions qui ont été données de sa nature s'efforcent de traduire les termes des textes, plutôt qu'elles n'impliquent la cause et le mode de sa formation. A dire que loin de procéder de l'esclavage directement où, suivant l'opinion commune, par filiation dégénérescente, le servage a son origine et sa virtualité propres, il y a, semble-t-il, plus de concordance avec ce qui est probable. C'est au contraire lui qui, en tant que seul état de dépendance compatible avec les idées et les aptitudes de civilisation propres aux peuples annexés à Rome, se serait introduit dans l'esclavage. Il remplace bientôt celui-ci. Il détruit le principe de l'appropriation de l'homme qui en formait l'essence. Au sein du monde latin, le colonat fut sa première manifestation. En même temps, l'esclavage était peut-être la source des altérations du servage primitif, la cause que le moyen âge l'a connu aggravé, absolu comme il se montre dans les commencements. L'esclavage aurait donc pénétré à son tour dans le servage; il aurait pu y maintenir assez tard certains de ses effets; mais grâce aux principes de vitalité sociale existant à l'opposé de ceux qui avaient institué l'esclavage, la société qui succéda à la domination romaine fournit à la servitude, qui y avait été reconstituée, et à la sujétion, qu'elle organisa, les moyens de s'affranchir et de s'élever.

CHAPITRE II

DOCTRINE DU MOYEN AGE SUR LA SERVITUDE

A quelque époque et de quelque point que l'on regarde dans le droit français, la liberté individuelle y est de principe. « *Cascun est franc et d'une même francise* », cette maxime de Beaumanoir résume à cet égard la doctrine. Pour les juristes, la servitude n'était qu'un fait, et la législation ne les contredisait point. Un fait par lequel cette « naturele francise » a été corrompue[1], mais qui n'a d'existence qu'à ce titre. Il ne vaut que comme tout autre effet des contrats, sauf qu'à leurs yeux le contrat qui l'a produit est entaché de plus de fatalité que les autres et qu'il a moins de mobilité; Beaumanoir appelle des « acquisitions » les divers services que le maître s'est mis ainsi en droit de tirer du serf. Quand il ne leur donne pas la force pour origine, il ne les conçoit pas différemment que dérivés d'actes plus ou moins marqués du sceau des conventions. La première de ses catégories de serfs comprend :

---

1. Beaum., chap. LXV, n° 35.

« *ceux qui n'ont eu pooir d'aus deffendre des seigneurs,*
« *qui à tort et à force les ont attrais à servitude* »;
mais la part de la violence ainsi marquée dans les
causes ayant produit le servage, il ne lui en recon-
naît aucune autre qui, de près ou de loin, ne suppose
un consentement soit exprès soit tacite. L'ancienne loi païenne de propriété sur l'homme est,
à cette époque, hors des intelligences aussi bien
que des idées religieuses et morales. La non-liberté,
son origine, les diverses circonstances qui l'en-
tretenaient et la faisaient durer, les juristes ne
trouvaient pas à les expliquer sans supposer un
certain assentiment chez celui qui la subissait.

Qu'en vertu d'une pénalité du fief, la servitude
s'emparât de ceux qui avaient manqué au service
de guerre ou fui pendant la bataille, en sorte que
« *aus et lors oirs* » demeurassent « *sers à tors jors* »;
qu'elle devînt le sort de ceux qui, étant « *pris de*
« *guerre* », la « *donnaient* » sur eux et leurs descendants « *por raenchon ou por issir de prison* »;
qu'elle s'achetât du malheureux, de celui qui
« *caoit en povreté (vos me donnerez tant et je devinrai*
« *votre hons de cors* », ajoute Beaumanoir comme
pour constater plus nettement par une formule
le caractère conventionnel de ce cas); qu'elle
atteignît ceux qui se livraient « *por estre garantis*
« *des autres seigneurs* »; qu'elle résultât de la résidence volontaire sur certains domaines pendant
an et jour; qu'elle fût recherchée comme une

industrie, « *par convoitise d'avoir* »; qu'enfin l'Église l'acquît par prescription sur ceux qui s'étaient voués corps, biens, famille, aux « saints et saintes du ciel », elle a pour point de départ un acte libre de l'homme. Un acte libre juridiquement parlant, car en fait, de par l'état des choses dans la société, cette liberté était souvent contrainte, et c'est pourquoi le juriste énumère ainsi les épèces[1].

Pour devenir le droit moderne, cette doctrine civile n'avait qu'à s'étendre jusqu'à dénier à la volonté même de la personne le pouvoir de s'asservir. En attendant, elle menait par un chemin direct à la disparition du servage. En effet, que le contrat de servitude soit alors plus ou moins imposé et fatal, plus ou moins entaché d'abus, peu importe; c'est un point capital, que le droit ne donne plus de sanction théorique à l'asservissement. Une fois réduit à l'état de cas, de pur accident, les juristes sauront s'appuyer des idées ou des intérêts pour introduire dans l'asservissement le sens du juste absolu, de la liberté naturelle, et ils amoindriront jour par jour l'état serf. Non seulement leurs vues sur le droit naturel de l'homme, leurs décisions quand ce droit sera contesté, leurs manières de l'assurer à l'enfant de père ou de mère en qui il aura été altéré,

---

1. Chap. XLV, nos 19 et 32.

seront autant de moyens pour arriver au résultat. N'envisager jamais la servitude comme fondée sur une qualité inhérente à la personne, c'est le dissolvant qui annihilera graduellement le servage. Ils refuseront à qui que ce soit la faculté d'attaquer en autrui « *l'état de franquise* » sans l'apport d'un titre spécial, d'un titre personnel qui soit irréfragable. Ils voient là l'état de nature, l'état primordial à leurs yeux et dont la personne doit jouir. Le demandeur en servitude fut non recevable si, à défaut de fait de servage bien constaté à son profit, il n'arguait pas d'une possession d'état, d'une filiation serve irrécusable. « *Il ne loist à nului* », écrit sur cela Beaumanoir, « *à dire contre celi qui toz jors a* « *esté en estat de franquise : vos estes mes sers et le* « *veut prover; s'il ne dit pas ourine ou s'il ne dit* « *qu'il li ont autrefois paié redevance de servitude, il* « *ne doit pas être ois*: » voilà la loi commune [1]. Toutes les preuves contre la servitude sont réservées; non seulement à l'ingénu celles de sa liberté, mais de même au serf celles de son affranchissement, soit personnel soit du chef de ses auteurs. Il y a loin, de ces facilités pour établir la liberté, au capitulaire de Louis le Débonnaire qui exigeait le concours (*pocintus*) de douze témoignages. Tel est alors l'état du droit,

---

[1]. Chap. XLV, n° 13, et chap. LXI. Cf. *Etablissement de 1270*, série 10, chap. XXVI.

que Beaumanoir va jusqu'à tirer de la promesse d'affranchissement une obligation de faire donnant ouverture à dommages et intérêts en cas d'inexécution, et il regarde ces dommages et intérêts comme une propriété totalement libre, dont le serf peut disposer ou tester à son gré [1].

La filiation, la descendance étant ainsi seules admises en principe comme fondement du servage, les questions à leur sujet sont les plus disputées. Deux principes radicalement opposés régissent les solutions. Suivant l'un le père transmettait son état, suivant l'autre la mère. Le premier de ces principes, certaines coutumes du XVIe siècle l'ont reproduit sous cette formule brutale : « En servage, le pire emporte le bon [2]. » Il était descendu de Rome à travers le code d'Alaric, il dérivait des idées régnant à sa date sur le droit de s'approprier la personne humaine; il avait pour but qu'en aucun cas la servitude ne pût faire défaut au maître sans sa volonté positive; il s'établit et il régna particulièrement en Bretagne d'une part, d'autre part dans les provinces de tradition burgonde [3]. L'autre prin-

1. Chap. LXV, nos 25 et 27.
2. *Bourbonnais*, chap. XVIII, art. 208. — *Nivernais*, chap. VIII, art. 22.
3. Voir Hevin, *Coutumes de Bretagne*, sur le droit de Mothe : Bouhier, sur la *Coutume de Bourgogne*; D. Grappin, *ubi supra*. La Bourgogne fut du reste, à certains égards, un pays de droit servile étroit; les art. 42 à 44 de son *Ancienne coutume* imposent la preuve de la liberté à celui que l'on actionne comme serf.

cipe, fondé sur la liberté native, embrassa un plus vaste rayon. Il eut pour lui toutes les grandes autorités juridiques ou morales du moyen âge. Il emportait de soi les solutions les plus favorables. Les juristes en poussèrent avec la plus religieuse sollicitude les conséquences jusqu'à l'extrême limite de la logique. Ils firent planer dès le sein de la mère la liberté sur l'enfant de la femme serve, ils la lui garantirent à sa naissance. Ne l'y voient-ils toucher qu'un instant, ils la lui assurent à toujours. Et non seulement né, mais qui plus est porté pendant la liberté de la mère, ni le malheur ni la volonté, en faisant retomber la famille dans le servage, ne put, du moins juridiquement, l'y entraîner avec elle : « *Il loist bien a autrui à affranchir ses enfants et « non asservir* », Beaumanoir le déclare catégoriquement[1]

Dans les litiges infiniment multipliés auxquels donnaient lieu les *parcours*, qu'on avait imités de la législation colonaire, les juristes développèrent surtout la subtilité de leur esprit. Ils mirent une partialité patente à détruire, parmi les effets de ces conventions, ce qui allait contre leurs doctrines de la filiation par mère. Assurer la liberté aux enfants malgré toutes les précautions opposées fut leur effort. Ces *parcours, entrecours,*

---

1. Chap. XLV, nos 21, 22, 23.

n'avaient pas seulement pour but que le serf nouât des liens de famille hors des domaines du maître; celui-ci y cherchait le moyen de servir ses intérêts par l'intermédiaire du serf, sans affranchir ce serf ou sa descendance. Le serf, en effet, n'acquérant que pour le maître, tous les profits de la servitude subsistaient pour ce dernier malgré l'avantage ainsi conféré. Or c'était devenu le procédé d'exactions déplorables, une exploitation des épargnes du serf, de ces « *cozes* » acquises, comme dit encore Beaumanoir, « *a si grief paine et travail* ». On recourait à ces conventions lorsque se faisait sentir le besoin de stimuler chez l'asservi la soif d'acquérir, et on les arrêtait dès que leur pécule s'était grossi. On s'en servait donc comme d'un appât. Dans les seigneuries de Bourgogne et de Champagne ces traités interdomaniaux ont été fréquents; on trouve les *entrecours* autorisés et interdits deux fois, de 1204 à 1220, entre localités limitrophes. Quatre ou cinq années formaient la durée habituelle, juste le temps qu'il fallait au serf pour amasser par labeur et sobriété le prix de ces abusives concessions[1].

---

1. Les *Cartulaires* de Saint-Père de Chartres et de Notre-Dame de Paris, les *Establissements* de 1270, livre II, chap. XXXI, Brussel, dans son *Traité de l'usage des fiefs*, donnent de nombreux exemples de ces conventions et des débats ou des décisions intervenus à leur sujet. Les *Olim* en présentent également plusieurs, entre autres un qui fournit un cas notable, t. III, p. 1005, et note 26.

Quand le principe de l'affranchissement par filiation maternelle s'introduisit dans la doctrine juridique du servage, la porte fut évidemment grande ouverte à l'état de liberté. Dès qu'il fut muni de quelque chose lui appartenant, le serf eut le moyen d'acheter le *for-mariage* de ses enfants avec des femmes de condition libre, c'est-à-dire d'affranchir la génération suivante. La population serve dut ainsi progressivement décroître. A plus forte raison quand le pape Adrien IV eut aboli la faculté, qu'on avait eue jusqu'à lui, de faire annuler les mariages contractés par les serfs sans le consentement du maître. Du reste, les idées morales s'unirent ouvertement aux théories du droit pour dicter des décisions destructives de la condition serve. Si larges qu'ils fassent leurs décisions, les juristes ne cachent pas qu'ils tendent à de plus radicales. Ils appellent l'affranchissement total et définitif. Beaumanoir, qui n'a mis nulle part autant de sa dialectique qu'à relever civilement le serf, sent qu'il y a davantage à faire et termine par ceci :
« *Nos poons entendre que grant ammosne fait li sires*
« *qui les oste de servitude et les mèt en francise, car*
« *c'est grand maus quant uns crestiens est de servé*
« *condition.* »

CHAPITRE III

PREMIER ÉTAT ET PREMIERS EXHAUSSEMENTS DU SERVAGE

On voit que dans le moyen âge français le servage n'a plus ses caractères ni sa forme originaires. Les traditions qui de César à l'avènement des Capétiens se sont livré tant de luttes ont à la fois affaibli et multiplié ses traits. Si l'on fait acception de ce que la possession d'un grand nombre de captifs et les services tirés d'eux comme esclaves sous la loi romaine, purent ajouter de rigueur aux conditions natives de l'état serf, on aura, semble-t-il, une assez exacte notion de sa constitution première. Toutefois, il faut, de plus, tenir compte en lui de deux considérations : d'abord de la mesure dans laquelle les mœurs ou les nécessités comportèrent l'asservissement chez les peuples gaulois ou germains qui formèrent la France ; c'est l'élément primordial, le fond sur lequel tous les autres se greffèrent. En second lieu, il faut faire acception de ce qui fut l'effet de la latinisation de la société gauloise, c'est-à-dire de ce qu'il resta d'idées et de formes romaines, dans cette société, quand l'Empire de Charlemagne eut disparu.

Toujours, est-il que la condition serve revêt une grande diversité de manières d'être. C'était inévitable dans la nation que fut la France du moyen âge, très fractionnée et attestant néanmoins les plus directes tendances à l'unité, livrée à l'influence des faits ou des intérêts particuliers bien que tout y converge vers le règne d'un seul et même droit. Lorsque Philippe-Auguste et son père, en gratifiant du « bienfait de la liberté » leurs hommes et femmes de corps d'Orléans[1], donnèrent le caractère de mesure de gouvernement et de réforme sociale à l'abolition du servage et à la généralisation de la liberté, les personnes qu'ils élevèrent ainsi à la plénitude de la vie civile devaient présenter toutes les nuances qui existaient alors. Il y avait longtemps que dans les diverses seigneuries, dans les fiefs du même seigneur, ces situations multiples d'un même état se trouvaient côte à côte, sans plan général, nées chacune d'une utilité plus ou moins spéciale et durable, de circonstances privées et locales.

Quoi qu'il en soit, on distingue aisément des époques dans l'existence du servage. Le caractère étroit et dur qu'il avait pu présenter dans les commencements s'était partout affaibli. Quand la

---

1. Ord. de 1180, 1183, etc. «..... *décoravimus numere libertatis.* »

féodalité se constitua, elle fut exposée aux luttes, à la guerre : il lui fallut une discipline étroite et une organisation économique stricte. Elle ne se fût pas sentie assez sûre, avec la hiérarchie indécise et le statut personnel mal délimité des derniers temps de l'administration carolingienne. Cette administration et ce statut laissaient arriver tacitement les classes asservies jusqu'aux attributs civils, presque aux privilèges des libres. Le régime seigneurial dut en conséquence associer à ce que la tradition gauloise, qu'il faisait revivre à beaucoup d'égards, comportait de servitude, tout ce que ses idées, ses nécessités sociales, ses sentiments lui permirent d'emprunter à la législation du Bas-Empire. Elle se créa le droit personnel absolu dont elle avait besoin ; elle donna ainsi naissance à un servage dont celui du moyen âge ne retint que peu de traits.

Des textes anciens se plaignent de ce que le droit servile de l'antiquité ait été ainsi ramené, tandis que les conceptions étaient déjà différentes[1]. Et de fait, ce qui s'était produit n'eût guère mieux valu que l'esclavage, si le principe caractéristique de l'Occident, le sentiment de la personnalité individuelle ne se fût pas réservé sa place au moyen du régime familial, et si d'ailleurs, dans la

---

[1]. Entre autres les *Préambules des coutumes du monastère de la Réole*, n° 977, dans D. Labbe, *nova. Biblioth. Manuscript*, II, p. 744. — Cf. *Histoire du droit français*, de M. Giraud, t. II.

constitution très serrée qui fut faite de l'existence sociale et qu'on dirait définitive, les plus actives raisons de mobilité n'avaient pas dû dériver soit de circonstances publiques, inséparables d'une société formée d'autant d'éléments disparates que l'était la société féodale, soit de la composition même de la classe asservie. Dans cette classe, les vissicitudes de la guerre avaient juxtaposé d'anciens libres, d'anciens colons, des serfs Francs, Germains, Gaulois, des esclaves Gallo-Romains, des cultivateurs des Capitulaires (*Cultores agrorum*). De ces rapprochements il devait naître une irrésistible émulation de conquérir à nouveau la plus élevée d'abord de ces situations premières, puis, par celle-là, de plus hautes.

Non seulement la privation des capacités civiles est inhérente au servage des premiers temps seigneuriaux; la personne, en outre, s'y trouve presque une chose, un instrument dépendant du fonds pour le cultiver, pour l'augmenter par succession; et d'ailleurs, comme c'est un instrument humain, apte à se reproduire, il dépend du fonds pour s'y multiplier et donner au propriétaire les profits du croît. Aux yeux du maître sa vie n'a guère d'autre valeur, d'autre utilité que celles-là. Le maître la possède et la régit de manière à rendre, en elle, le plus possible continue et abondante cette triple source de produit. En vue de cet intérêt il revêt le serf d'une certaine capacité pour acquérir; il l'accouple; il le poursuit dans sa fuite; il lui interdit d'aliéner; il fait punir son rapt, annuler tout affranchissement indirect; il contracte avec ses voisins de mutuels engagements, des conventions réciproques afin de se conserver ces avantages malgré les tentatives que le serf ferait pour s'y soustraire, malgré les atteintes qu'y porterait le progrès des choses. C'est notamment ce dernier but qu'eurent les *parcours*, *entrecours* et autres conventions faites pour faciliter le mariage des serfs de seigneuries différentes, en réglant d'avance la propriété des enfants à naître. Ils donnaient les moyens non seulement de proportionner le droit des maîtres au progrès général, mais de l'étendre en faisant plier ce progrès lui-même sous leurs prescriptions.

Il faut dire que ce droit absolument privatif de la mutation de domicile et de l'hérédité, ce droit qui enlevait au serf à peu près la propriété de lui-même avec la propriété du travail, ne dura qu'un temps. Beaumanoir le définit dans ce passage : « *Li uns des serfs sont si souget à lor seignor « que lor sires por penre quanqües que ils ont, à mort « et à vie, et les cors tenir en prison toutes les fois « qu'il lor plest, soit à tort, soit à droit, qu'il n'en « est tenu à respondre fors à Dieu*[1]. » Avant le XIIe siècle cela ne se voyait plus que par exception.

---

[1]. Chap. XLV, n° 31.

D'ailleurs, ces limites si étroites ne s'appliquaient guère qu'à l'individu serf isolé, vivant hors de toute existence familiale. Le plus grand nombre étaient en possession du mariage, de la filiation légitime, de la succession, du témoignage aux actes publics ; tous pouvaient racheter la liberté avec leur pécule. Dans les domaines conduits en vue du profit agricole, les maîtres n'attachaient pas d'autre prix à la servitude que cette faculté de la vendre ; un massier de Saint-Père de Chartres peut l'échanger contre l'abandon de son office, qu'il tenait viagèrement[1].

Qu'on le remarque, en effet. Le serf devait arriver à l'indépendance bien plus vite que l'esclave. Celui-ci n'avait jamais connu le droit. Au contraire de beaucoup de serfs du moyen âge il n'en avait jamais rien possédé. Ses efforts pour y atteindre étaient des révoltés aux yeux de tout le monde, excepté de lui-même et des moralistes ou des philosophes. Le serf, lui, en recherchant plus de droits, réclamait un bien dont il s'était vu dépouiller ; on ne le lui retenait pas avec une aussi pleine sécurité de conscience, ou bien il trouvait dans le principe même de sa condition une force de croissance devant laquelle les barrières sociales devaient continuellement céder. Aussi le servage ne présente-t-il en France, à toute époque, qu'une

---

[1]. *Cartulaire*, acte de 1001. — Cf. *Establissement* de 1276, contre l'abandon de l'avoir du serf au seigneur.

sorte d'état provisoire. On y voit toujours comme les pierres d'attente d'un autre plus libre, c'est-à-dire plus complet. Et s'il a été juridiquement admis et réglé en tant que fait; s'il est devenu l'objet d'intérêts importants, de transactions nombreuses même sous ses modes les moins favorables, du moins la théorie n'en fut jamais écrite. Il n'appartient qu'à l'antiquité d'avoir déduit la servitude de doctrines juridiques, voire de la métaphysique.

La vie civile fut entrevue par l'esclavage le jour où le maître tint compte en lui de l'humanité. Ayant besoin de rendre progressive son activité, il l'a intéressé au travail en lui conférant plus ou moins la responsabilité ; ce fut le premier pas. De même le premier contrat par lequel des serfs ont pris à leur charge une part de terre moyennant l'obligation de donner au domaine du maître un certain nombre de journées de labour, de charroi ou d'autres services, ce contrat a marqué pour eux le commencement de la liberté. Il est de beaucoup antérieur au XIIIe siècle. A cette époque, les serfs comptent plus de deux cents années de détention continue du sol cultivable, A peu près partout et toujours ça été une possession héréditaire, conséquemment d'autant plus productive pour eux. Pendant ce temps les maîtres se sont épuisés par la vie militante, par l'enthousiasme ruineux des croisades, par les luttes contre les envahissements de la royauté, contre les revendications des communes, par un faste aussi qui dépassait les ressources.

Une cause si efficace de progrès matériel, pour les serfs, avait dû peu à peu changer considérablement, chez eux, la situation civile et sociale ; elle se modifia dès ce temps plus régulièrement et d'une manière plus décisive. De Philippe-Auguste et de Louis IX date pour eux l'époque à proprement parler organique. Leur condition passe alors dans le domaine des juristes.. Elle se fixe ainsi, et elle est préservée comme légalement des retours en arrière. On en a la preuve en regardant aux fondements juridiques qui furent alors donnés à l'état servile, aux prescriptions qui réglèrent dorénavant les obligations du serf, ses modes de travail, ses lois de famille et de patrimoine.

CHAPITRE IV

CARACTÈRES CIVILS DE L'ÉTAT DE SERF

On mettrait en doute si la servitude absolue dont Beaumanoir a laissé la description tout à l'heure citée, existait bien à son époque. Il paraît loisible de penser que s'il en parle si peu, c'est que ce servage-là ne devait pas donner lieu d'en examiner les cas, ayant pour loi unique la pleine et arbitraire volonté du maître. N'est-il pas tout autant à croire que, s'il avait régné avec quelque généralité, ce juriste et d'autres se seraient occupés de ses espèces ? Le peu d'attention qu'ils lui accordent atteste sa rareté, ou bien atteste qu'il y avait minime utilité à s'enquérir de lui. Beaumanoir, lui, n'en dit rien de plus que ce qui a été transcrit plus haut, il n'y revient en aucun autre endroit. On a douté même que les termes dont il se sert pour définir ce servage excessif se rapportent réellement au servage, n'aient pas trait, plutôt, à la condition vilaine en de certaines seigneuries [1].

---

1. Championnière, en particulier, a émis cette opinion.

On peut donc tenir le servage absolu comme peu usuel en France à toute date. Pour le rencontrer habituellement, il faut le chercher au nord de l'Europe, dans la Suède, le Danemark, l'Angleterre. Dans ce dernier pays, il fut pratiqué sur une grande échelle ; à l'époque de Beaumanoir, le *Myrror of justice* l'y décrit avec des développements qu'on ne trouve dans aucun des auteurs français du même temps. En tout cas, c'est la limite extrême du servage du côté de l'esclavage. Du côté de la liberté, la limite se trouva dans une situation que des apparences et des effets on dirait serviles. ont fait regarder comme une des manières d'être du serf, à savoir la *main morte*; mais la main morte a vu dans ses cadres des vilains, des libres autant que des serfs; elle est une conduction, une manière d'exploitation aussi bien qu'un mode servile.

C'est entre ces deux situations, qu'a été comprise en France, la condition serve. Entre elles prirent place les foules non-libres qui, sous le nom de *serfs* ou d'*hommes de corps et de poursuite*, figurent dans les documents juridiques ou historiques, depuis le XIIe siècle jusqu'au XVIe. Leurs obligations et leurs facultés, les garanties qui y furent progressivement apportées sont définies suffisamment dans Beaumanoir, dans les Anciennes Coutumes de Champagne et de Brie, dans celles des deux Bourgognes, dans les Arrêts des Parlements; elles sont précisées de plus en leurs détails dans nombre de cartulaires. Dans le moyen âge français, ce servage ne consiste pas en une situation civile et sociale uniforme. Il se gradue sur une assise commune, tantôt selon les lieux, tantôt selon le moment. Il avait un point de départ plus ancien que lui et qu'on trouve aux premiers temps de tous les peuples, à savoir le principe de l'immobilisation de la personne au sol, complété par celui de l'incapacité juridique de rien posséder en propre ni acquérir, conséquemment de rien aliéner ni transmettre. En cette condition originaire faire naître insensiblement le droit de rendre les fruits siens, moyennant des obligations fixes de travail ou de redevance; le droit d'accumuler ces fruits par l'épargne mobilière ou immobilière; le droit de se marier ou de marier ses enfants hors du domaine avec des femmes non serves, en payant un prix dit de *fors mariage*; enfin le droit d'hériter en rachetant au maître la succession; outre ces attributs civils, obtenir ceux du témoignage en justice, de l'action judiciaire, cela à des degrés différents et sous des charges plus ou moins faciles ou plus ou moins onéreuses, voilà de quelle manière s'exhaussa et devint divers le servage communément pratiqué. Beaumanoir, aux frappantes définitions de qui on est heureux de recourir, le fait connaître par oppo-

sition au plus rigoureux, dans ce passage où la différence entre l'ancienne et la nouvelle condition est sensible[1] : « *Li autre sont démené plus dé-*
« *bonnerement, car, tant comme il vivent, le seignor*
« *si ne leur pueent riens demander se il ne meffont, fors*
« *lor cens et lor rentes et lor redevances qu'ils ont*
« *accoustumé a paier por los servitutes. Et quant ils*
« *se muerent, ou quant il se marient en franques femes,*
« *quanques il ont esquiet a lor seignor, muebles et héri-*
« *tages ; car cel qui se formarient, il convient qu'il*
« *finent à la volonté de lor seignor. Et s'il muert, il*
« *n'a nul hoir fors que son seigneur, ne l'i enfant du*
« *serf n'i ont riens, s'il ne le racatent. au seigneur*
« *aussi comme feroient estranges.* »

Le servage se présente ainsi comme l'état de personnes pour qui les attributs principaux de la vie civile dépendent d'un prix qu'elles doivent y mettre ; mais elles ont la faculté de l'offrir et l'on ne peut refuser de les leur vendre. Au point de vue du droit, le serf n'est plus considéré que comme en possession incontestable de cette faculté. Elle est inégalement tracée et répartie ; elle est accordée et reprise plus ou moins arbitrairement ; le bénéfice s'en achète plus ou moins cher ; mais elle constitue un fond positif. Acquérir ce bénéfice, l'augmenter, stipuler sur lui, c'est non seulement le droit commun du serf, c'est le

---

1. Chap. XLV, n° 31.

fait commun. Au droit de propriété sur l'homme s'est substituée, pour le maître, l'idée de droit à des prélèvements purs et simples sur les fruits du travail, pour le serf une aptitude reconnue à discuter ces prélèvements, à les contenir par des contrats, souvent même par des actions en justice. La restriction, c'est qu'être soumis à ces conditions d'existence ou en jouir constitue un état de la personne qu'elle ne saurait répudier, qui la suit, qui donne à une autre le droit de la revendiquer partout comme sa chose. La seule volonté de cette autre peut changer cet état ou le détruire; il faut qu'un affranchissement partiel ou total fasse ce changement. Hors de cette libération formelle, ou à moins d'un usucapion dont la faculté n'est pas accordée toujours au serf par les juristes ni avec des facilités égales, la condition de serf persiste juridiquement en lui et en sa descendance.

Ces degrés furent nombreux, de plus ils s'établirent de manières très diverses. Tantôt suivant le taux auquel furent vendus soit l'hérédité soit le testament soit le fors-mariage, fut fixé le prix des attributs de la liberté; ou bien, ce fut suivant la quotité qui resta au maître dans la succession du serf, ici les meubles comme les immeubles, ailleurs ces derniers seulement ou une partie de chacun devenant l'objet de la mainmorte. Tantôt ce fut suivant que la redevance (*taille, cens,* etc.) qui assurait au serf la jouissance des fruits de son travail était arbitraire ou fixe (*à volonté* ou *abonnée*.) Et, si l'on tenait la mainmorte pour servage véritable, il faudrait ajouter : suivant que la personne était originairement et à toujours serve, c'est-à-dire de cette condition dont Coquille écrivait encore au xvie siècle qu'elle était « *atta-« chée aux os et ne pouvait tomber pour sécouer* », ou suivant que les entraves de la servitude n'étaient subis que par qui cultivait un sol auquel se trouvait tacitement, mais obligatoirement attachée cette condition de culture. Faut-il se fier à la classification, usuellement admise par les érudits comme fondamentale, en *serfs de corps et de poursuite* et *serfs de mainmorte* ? A généralement parler, non. Dans la mainmorte, le droit de posséder la personne disparaît; il y a bien, communément, le droit de la poursuivre, de la revendiquer, mais c'est surtout en vue de poursuivre et de revendiquer contre elle une amende pour avoir quitté le domaine, vendu son tènement, s'être mariée hors de la communauté en indivision où il comptait. La personne vraiment serve, essentiellement serve, est celle en qui les caractères sont inhérents et ne s'effacent que par la libération [1].

Mais les catégories que l'on peut inférer des

---

1. Voir sur tout cela Guérard, *Protég. d'Irminon*, CCIV.

particularités les plus saillantes, sont loin de renfermer la multitude des situations qu'introduisirent le temps et les intérêts dans l'état de serf. Beaucoup de variété y régna jusque sur les terres du même maître. Entre ces deux points, si peu distants pour les législations simplifiées d'aujourd'hui, la privation et la jouissance de la personnalité civile, on ne saurait spécifier toutes les nuances qu'aux environs du XIIIe siècle avait échelonnées le mouvement de la société. On possède maintenant et l'on a publié nombre de textes concernant le servage dans nos anciennes provinces : la variété des conditions y est patente. D'après un grand nombre, le serf touche de près à la liberté même. Il détient le sol sous des charges ou des obligations qui sont les attributs des libres. C'est au point que l'on peut se demander si, au cours du temps, le vocable de *serf* n'a pas pris, tout uniment, la signification de personnes spécialement occupées de la culture agraire ; si, dans le langage soit français soit latin, on ne dit pas : *serfs, servi,* comme, aux mêmes contrées, on dit aujourd'hui *paysans.* Dans le XIIIe siècle, déjà, la nature uniquement passive du serf est décriée, tandis que c'était le contraire ou qu'elle suffisait à l'époque où la production rurale était ou paraissait être au prix d'une discipline sociale et domestique très stricte. Que la culture soit plus dégagée et profitable, le serf s'y intéressera davantage, le sol rendra plus au maître; que le serf s'enrichisse, les droits de succession seront plus productifs, les fors-mariages plus multipliés, la liberté plus recherchée sera mieux vendue : ces idées sont devenues vulgaires. Beaumanoir y trouve tout naturellement les raisons qui ont fait attribuer tant de capacité civile au servage. Le tour proverbial dont il se sert pour les indiquer attesterait seul que leur pratique est ancienne en son temps, usuelle, incontestée. « *Et li segneur meimes*, dit-il, *ni font se* « *gaaigner non, car il en acquièrent plus volentiers.* « *Par quoi les mortes-mains et fors-mariages sont plus* « *grant quant il esquient. Et si dit un proverbe, que cil* « *qui a une fois escorche deux ne trois ne tont : dont il* « *appert es païs ou on prent çascum jors le lor, qu'il* « *ne voëlent gaaigner fors tant comme il convient ças-* « *cum jors a le soustenance daus et de lor mesnie*[1] ». Ce serait simplement le « *nihil pessimum à dis des-* « *perantibus* » de Pline passé à l'état de doctrine économique publique, si d'ailleurs on ne trouvait pas formellement écrite, et autorisée par un religieux sentiment du droit, la faculté, pour le serf, de posséder et d'acquérir; « *et tant poent-ils* « *bien avoir de segnorie en lor cozes* », ajoute en effet le juriste, « *qu'il aquièrent a grief paine et a* « *grant travail* ».

---

1. Chap. LXV, n° 37.

Sous l'empire de ces idées, les serfs se virent partout revêtir de la propriété à partir du xiie siècle. Non de celle des meubles seulement, de celle des immeubles aussi, et, par suite, de la plupart des attributs qu'appelle le besoin de la conserver, d'en tirer et d'en revendiquer les fruits. Quand le servage confina ainsi à la liberté, on ne se contenta pas de lui en ouvrir les portes, il y fut souvent poussé malgré lui. Il devint évident que la personne était encore plus utile tout à fait libre qu'imparfaitement. Au xiiie siècle, le plus grand nombre des coutumes, à l'imitation de celle du Beauvoisis, laissait le serf librement « *perdre et gaaigner par marceandise, vivre de ce qu'il a largement à sa volonté, que ses sires ne l'en pot ni ne doit contraindre* ». L'ensemble des droits résultant du servage a, dans ces coutumes, le caractère de tribut qui distingue les redevances exigées des libres ; dès le xiie siècle on donne déjà au prix du fors-mariage et de la mainmorte cette dénomination de « coutume », désignant d'habitude les redevances[1]. Jusqu'au moment où, soit par le décès du serf soit par son mariage s'ouvrait l'action, plus fiscale d'apparence que domaniale, à quoi se résolvait, somme toute, ce droit sur la personne, rien ne révélait le servage

---

[1]. Dans l'Appendix du *Polyptyque d'Irminon*, XXXVIII, un acte de l'an 1100 porte : «... *Consuetudinem quæ vulgo mortua manus vocatur.* »

en des individus capables de tous les actes civils qui ont pour cause les modes du travail ou ses circonstances, les échanges, la gestion du patrimoine. Les serfs, au xiiie siècle, jouissent de tout ce qui est essentiel dans l'état de *libre* : possession en propre, héritage, transmission, investiture féodale même : dès 1080, et plus tard, en 1150, des serfs tiennent en fief; le *Liber feudorum* porte textuellement : *Etiam servus investiri potuit*[1]. Ils peuvent être témoins en matière litigieuse, en matière criminelle sous la seule réserve d'être récusables par les tiers; ils peuvent prendre d'un autre seigneur que le leur des terres à cultiver. En un mot ils sont engagés dans le mouvement social en tant qu'agents du travail agricole, sans distinction de nature propre, de personnes limitées de droits; et faut-il répéter que le travail agricole est alors presque l'unique travail ?

Entre autres exemples attestant cet état de progrès civil, que l'on ouvre le *Livre des serfs de Marmoutiers* en Touraine. Ses textes embrassent le xie siècle, un peu du xe, et en l'éditant il en a été ajouté qui vont jusque fort avant dans le xiiie. Là se manifeste avec évidence qu'en ce qui regarde ces serfs il s'agit de droits utiles à percevoir de certaines personnes, de services à s'assurer d'elles, bien plus que d'un état juri-

---

[1]. Guérard, *Prolégomènes*, etc. *Liber feudorum*, tit. IV.

dique à constater, à maintenir, à s'assurer en elles. Il est question plusieurs fois de « moitiés de serfs », d'autres fois de la part que l'on possède de plusieurs. Un compagnon de voyage de l'Abbé, en pleine route, durant une halte, achète de lui moyennant une livre de poivre et une paire de bottes en cuir de Cordoue, la part lui appartenant de deux serfs. Les effets du droit servile subsistent donc, l'application en est faite couramment, mais c'est un mode de l'ordre économique, les côtés juridiques sont très lointains.

Au reste, d'où vient alors une partie de la population serve ? de la population non serve. Dans ce document il n'est pas question que de personnes serves soumises aux conditions originaires de cet état; d'autres, à côté, jouissent de si débonnaires conditions que ce sont presque celles de l'état libre. On y voit de plus le servage consenti, positivement recherché, à côté du servage par filiation, natif. Sous des espèces très diverses, il y a nombre d'applications du droit servile quant à l'hérédité du serf, quant à la propriété du maître sur les choses du serf, sur sa succession; on voit une foule de stipulations entre maître et serf quant aux effets du servage, notamment quant au mariage entre serfs de maîtres différents, ou quant à la translation de propriété par les serfs; mais il y a aussi l'échange volontaire de l'état libre contre l'état servile. C'est surtout le fait de libres ayant une position secondaire, des serviteurs domestiques, *famuli*, bouchers, celleriers, cuisiniers, tailleurs, que l'Abbaye a probablement besoin de recruter. Ce sont des « oblats ». Ils se donnent à l'Abbaye sous la forme religieuse, mais ils jouissaient auparavant de l'état libre. La condition qu'ils recherchent n'est donc pas si mauvaise qu'ils ne la préfèrent à la condition libre, qu'ils ne s'échappent de celle-ci dans l'autre. Et cette autre, la condition serve, leur est constituée dans les modes symboliques par lesquels s'authentique rigoureusement la translation des propriétés ; ils produisent les consentements de leurs auteurs, de leurs descendants, de leur supérieur ou suzerain, quand ils en ont un. Qui plus est, beaucoup qui se font ainsi serfs de l'Abbaye ne sont pas sans fortune ; les uns conservent tout ou partie en jouissance ; d'autres n'asservissent qu'eux seuls, d'autres tous leurs enfants avec eux ou bien tels ou tels d'entre eux ; d'autres se font payer pour accepter de devenir serfs. La situation de serf est ainsi un état personnel dont on peut trafiquer ; on a cessé de la tenir pour une classification juridique dans l'état social [1].

---

1. D'autres preuves et d'autres faits de détails sont fournis par Beaumanoir, chap. XLV, *passim*, XLI, n° 10, XL, n° 27, XXXIX, n° 66, et *passim*. — Cf. *Olim*, arrêt de 1271, t. I, p. 886, et *passim*; Mlle de Lézardière, *Théorie des lois politiques*, t. III, p. 406 ; aux *Formulæ veteres*, la formule XLVIII ; la note 68 de la *Dissertation* de D. Grappin ; un acte de 1219 aux preuves de l'*Histoire du servage*, par Kindlinger, etc...

Pour s'expliquer le ferment de progrès et la constante gradation dont fut animé le servage, il faut regarder aux manières d'être dans lesquelles la famille serve fut établie, travailla, accomplit l'œuvre l'exploitation agricole, qui lui incomba particulièrement.

CHAPITRE V

LOIS DE FAMILLE ET DE POSSESSION SERVES

Le moyen âge n'aurait pas eu l'énergie sociale qui s'y manifeste, et dans la France d'alors la vivante population que montre l'histoire ne se serait pas enfantée, si la source mère de la production, l'œuvre rurale, avait été laissée à des mains aussi faibles et aussi peu intéressées que celles de serfs sans personnalité et sans ambition pour eux-mêmes. Quelque chose de nature à faire surgir des ruines de l'Empire la société occidentale était nécessaire : le moyen âge eut une idée supérieure à celle d'auparavant, sur les rapports à établir entre la propriété et la population servile. Sa pratique fut en cela plus normale que celle de l'Empire latin, conséquemment plus féconde. Le régime de la seigneurie entièrement dégagé de l'influence latine une fois constitué, il met autant de sollicitude à imprimer à la production le plus d'activité et d'attrait possible, que Rome avait mis d'imprévoyance à la laisser tarir. La preuve positive s'en montre dans l'organisation donnée à la famille serve. Au temps même où les droits personnels du serf étaient les plus limités, cette organisation rendait ses mains aussi industrieuses qu'elles pouvaient le devenir dans des classes non libres.

Très généralement sinon dans toutes les seigneuries, non pas tous les serfs mais un très grand nombre, peut-être le plus grand nombre, furent établis sur un principe obligatoire : l'indivision, la vie en communauté héréditaire. Hors de ces conditions, ce fut exceptionnellement qu'il put y avoir, pour eux, succession, testament, effets civils du mariage, tandis que sous elles ils eurent tout cela. On dirait la suite naturelle de l'institution seigneuriale même, le même lien serré de réciprocité et de garantie. Ce n'est plus la communauté rudimentaire, régime primitif probablement de toute société humaine; à l'époque de la tribu, l'individu, n'a d'existence possible, en face des brutalités de la nature ou des faits, que dans la jouissance en commun du tènement où il s'installe, jouissance transitoire, tout au plus annuelle, changée selon l'utilité du groupe, selon la capacité ou le besoin propres; maintenant, il s'agit de la jouissance en indivision familiale, organisée pour une existence sociale active et d'ensemble. Un peu plus, sans doute, que la communauté dont César et Tacite ont tâché de traduire en termes latins ce qu'ils avaient pu apprendre de ses modes chez les Germains, ou bien de celle qu'ont pratiquée, comme les Germains, les Celtes et d'autres peuples d'Occident. En tout cas, au temps du servage français, cette indivision familiale du servage repose sur un système raisonné. Elle fait au serf une famille pouvant, comme celle des libres, se subdiviser par la descendance en allant s'unir à d'autres ou en former d'autres ; seulement en former d'autres restant semblablement dans la vie commune, dans la non-division continue du travail, des gains, des intérêts quant à toute espèce de biens. Sous l'obligation de cette collectivité familiale, l'individualité civile appartint au serf. En cet individu-famille toute vie, toute action, tout progrès résidèrent. Il acheta, vendit, bénéficia ; il eut les stimulants de l'ambition, les satisfactions résultant de l'épargne ; il put modifier à son gré ses tenures, ses fonds, sous l'unique réserve des redevances précisées ou des *coutumes* dues. Chaque membre, chaque *parcenier* (c'est le terme des juristes postérieurs[1]) eut ainsi son intérêt dans l'intérêt commun. Cette individualité à plusieurs fut comme dissoute, les libertés civiles furent perdues dès que, par le fait d'un seul, soit durant la vie des parents, soit à leur mort, les mêmes *pot, feu, sel et chanteau* cessèrent d'en rassembler tous les membres.

---

1. « *Parcenier* se dit de toute personne qui est associée avec une « autre pour tenir ménage en commun » ; Brussel, *Usage de fiefs*, liv. II, chap. XII.

Ces attributs de la vie civile ne furent pas sans des limites étroites, comparés à l'état libre; toutefois, relativement à ce qu'eût donné une dépendance assez peu libérale pour ne pas les admettre, c'étaient des limites larges. Larges surtout le lendemain de l'esclavage, les plus larges, certainement, qui pussent être conçues. Il n'y a qu'à mettre en regard le serf dans la communauté et le serf hors d'elle. A celui-ci, rien n'appartient. De droit il n'a nul bénéfice transmissible. Pour lui la vie recommence à chaque génération. Elle recommence dans les mêmes conditions d'infimité, tandis que pour le serf en communauté elle s'exhausse chaque jour par l'accumulation des gains. Si, pour ce dernier, les labeurs n'ont pas encore la fin et l'attrait que fait concevoir la vie moderne, il n'en voit du moins partager les fruits que par des intérêts formés avec le sien ou dérivés du sien. De cette vie commune à la personnalité civile complète, il n'y a qu'une question d'étendue; hors d'elle, c'est une question de classe sociale, une différence juridique. Le moyen âge n'a mis nulle part, semble-t-il, plus d'originalité que dans cette organisation du travail dont il avait besoin. On ne serait autant autorisé par rien à voir, dans le servage, tout simplement un mode organique de la production, dont les prescriptions, même privatives ou restrictives de la liberté, ne seraient que la garantie.

La communauté se manifesta et fut régie par un chef (*major, maître de communauté, chef du chanteau*). Il lui fut donné peut-être par le seigneur à l'origine; peut-être aussi l'a-t-elle toujours choisi, comme le faisaient encore les communautés du Nivernais au temps de Coquille. Non seulement ce chef la représentait vis-à-vis de la seigneurie et des tiers, il la dirigeait aussi comme le père conduit sa famille. Les coutumiers du XVIe siècle le font assister pour cela, en tout ce qui n'est pas du domaine masculin, par une femme nommée de la même manière que lui, mais hors de sa puissance maritale ou de son autorité d'ascendant direct. Que le régime des communautés de cette époque fût tout à fait le régime primitif, c'est improbable. Jusqu'à 1789, les éléments sociaux ont été modifiés par diminution d'étroitesse, plutôt que par changement dans les principes. Entre autres exemples, le personnel du servage s'est amoindri sans que les théories sur sa condition vissent rien enlever à leur absolu. Néanmoins on ne saurait prendre qu'avec mesure, comme indication de ce qui existait au moyen âge, des tableaux faits longtemps après, tels que ceux de Coquille sur les associations que formaient en son temps les serfs ou les *bordiers, bourdeliers* du Nivernais. Ces *bordiers* n'étaient plus serfs, mais vilains. Il y a donc lieu de penser que la communauté, quand elle s'installa dans les manses de la *villa*, reçut pour chef le *villicus* ou *major* chargé antérieurement de diriger la culture de cette *villa* et d'en percevoir les revenus pour le maître. Que, par imitation, ensuite, elle-même l'ait institué, rien en cela que de probable.

Les documents manquent, pour une opinion formelle. Toutefois, on rencontre dans les textes deux ordres de *major*; l'un bien évidemment le fonctionnaire du seigneur, son intendant, l'autre qui est beaucoup moins sous sa dépendance. Parmi les derniers, on peut citer le *major* désigné au chapitre XXXVI du Capitulaire *De Villis*, et ceux tantôt serfs, tantôt colons, tantôt affranchis, tantôt simples mainmortables qui, dans le *Polyptique d'Irminon*[1] ou dans le *Statut de Corbie*[2], figurent et répondent pour l'ensemble de la *villa*. La *majorissa* se trouve dans la *Lex salica*[3]. Au *Cartulaire de Saint Père de Chartres*, elle se présente avec des fonctions tout à fait analogues à celle de notre maîtresse de communauté au temps de Coquille[4]. Des populations comme les slaves russes, dont l'état social représentait assez bien, encore récemment, celui du moyen âge féodal, faisaient régir leurs communautés familiales par un Père et une Mère électifs; ce mode

1. II, 2; V, 3; XXIV, 2, et *Prolégomènes*, p. 449.
2. LIV, II, chap. I.
3. XI, 7; à la suite des *Prolégomènes*.
4. Pag. 476, 666, 674. — Cf. Coquille, sur *Nivernais*. Tit. des *Communautés*, art. 5, et *Questions et réponses, sur la coutume*, 87.

de nomination du chef ne serait-il pas la tradition même des peuples de l'Occident septentrional et n'aurait-il pas prévalu par là dans nos communautés serves d'autrefois ?

CHAPITRE VI

COMMUNAUTÉ EN INDIVISION

Cette communauté familiale, éloignée de nos conceptions actuelles, a été le fait de populations rurales libres comme de serfs. D'où est-elle venue dans la société féodale, qu'a-t-elle été, qu'a-t-elle valu comparativement aux situations qui l'avaient précédée? L'érudition n'est pas de grand secours devant ces interrogations. C'est en partie matière conjecturale que d'y répondre.

Sans penser que l'on doive prendre en exemple l'organisme du moyen âge, il faut dire qu'il eut parfaitement l'entente des besoins sociaux. Lorsque le régime seigneurial s'implanta, ce fut comme un nouvel État qui s'établit. Un État, toutefois, auquel correspondaient mal les cadres du colonat tel que le transmettaient les derniers temps carolingiens. Le travail n'y présentait pas la cohésion nécessaire, conséquemment l'endurance à lui demander. Une sorte de conduction tacite faisait toute sa loi. Elle laissait au colon la jouissance du sol, à charge de redevances ou de services, tant que le propriétaire avait intérêt à la lui maintenir. Un grand nombre se trouvaient à la discrétion de celui-ci, pouvaient être congédiés ou surtaxés. Les plus favorisés jouissaient de concessions ou temporaires ou viagères ou centenaires, à l'imitation de celles du droit romain impérial. Ou bien c'était des tenures héréditaires dans lesquelles, dès le premier jour, la succession avait été réglée et ses éventualités prévues pour plusieurs générations. Cela s'était effectué tantôt suivant la force propre qu'avait le colon, tantôt à raison des circonstances, et celles-ci nullement uniformes. Chaque détenteur a tâché de se garantir plus ou moins contre ce que sa possession offrait de précaire ou de pénible, de s'assurer le plus complètement qu'il l'a pu ce qu'elle présentait d'avantageux. En vue de l'un ou de l'autre but, beaucoup se sont associés, soit pour se donner des bénéfices au-dessus des moyens d'un seul soit afin de maîtriser les chances ou d'affronter les charges que présentait l'exploitation. Dans les Cartulaires du XIe siècle, plusieurs cas de ces associations (*coloniæ, colonicæ*) se présentent, ou entre colons ou entre colons et serfs ; le Cartulaire de Saint-Germain-des-Prés, entre autres, en fait connaître une de trois familles colones, formant en tout douze personnes associées pour la culture de dix-sept bonniers de terre [1].

---

1. A. Beugnot, *De la formation des municipalités rurales* (dans la *Revue Française* de 1838, p. 292.)

État de choses dont l'Empire de Charlemagne n'avait qu'à se féliciter; mais la seigneurie, elle, pour instituer son gouvernement, devait chercher à en lier plus étroitement ensemble les éléments. Cette institution colonaire, acheminant les populations à l'état libre, était le contraire du principe de cohésion inhérent à la seigneurie et du besoin instant qu'elle en ressentait. Elle avait du moins à se prémunir à l'égard de ces propensions à l'individualité. Il a été écrit à ce propos, en toute justesse semble-t-il : « Si l'on repoussa l'esclavage comme « trop dur, le colonat devait aussi être repoussé « comme trop favorable, et parce qu'il tendait à « introduire dans la société une classe d'hommes « incompatible avec l'assujettissement féodal ». L'intérêt économique commandait cette précaution autant que l'intérêt politique; l'un et l'autre ils ont été la préoccupation attentive autant que logique du régime seigneurial. Condition ayant forcément à ses yeux trop de latitude, la condition colonaire; trop mobile en conséquence et tellement docile au gré de la personne; trop à la merci, également, de circonstances alors forcément changeantes, brutales; à la merci en outre des violences et de l'abus. Ne peut-on penser que ce furent ces causes qui firent ramener la population colonaire au servage étroit des commencements? Ce furent elles aussi, sans doute, qui, en même temps, la fit abriter sous la communauté familiale.

Faute d'être assez effective et sûre, l'existence individuelle serait restée peu utile au serf, à la seigneurie semblablement. L'avenir civil fut donc fermé au serf afin, c'est probable, qu'il ne cherchât point l'essor. Mais dans l'indivision familiale, à l'inverse, cet avenir lui fut ouvert, et il trouva assurés les attributs les plus propres à l'attirer. Presque tout l'horizon de la vie libre l'y enveloppa : l'hérédité, le domaine des conventions et de l'échange, toute l'apparence et comme le fait même de la propriété. Il viendrait un moment où cette existence impersonnelle, complexe, paraîtrait une gêne, un empêchement au progrès ; ce furent des vices inconnus, aux premiers jours, et ces premiers jours ont duré plusieurs siècles. Concentrant le travail et les efforts, les accumulant, leur garantissant dans la famille la vitalité qui naît de la certitude de recueillir les fruits et de les posséder en propre, elle incrusta la vie civile dans le servage de manière à ne jamais plus pouvoir en être retirée. Elle dut avoir pour effet aussi d'attacher le personnel rural au sol plus profondément que cela n'était résulté, antérieurement, d'aucune des autres conditions personnelles.

La raison économique, en tant que l'une des causes du mode donné au travail serf par le régime seigneurial, s'attestera quand l'affranchissement des serfs aura rendu général l'état de liberté. Les libres prendront alors la vie en indivision, la communauté familiale des serfs; ou bien ils la conserveront, la possédant déjà. Combien cette origine en elle, combien le fait que la raison économique présida à l'établissement de l'indivision pour le servage peut être tenu pour historique, on en aura là un indice de quelque poids. Ce n'est probablement pas à un autre motif qu'obéissaient les comtes de Champagne, lorsqu'ils mettaient au maintien de leurs *parcours* la condition que « les enfants habiteront avec leurs « pères et vivront à son pot[1]. » Les jurisconsultes du XVIe siècle n'ont pas trouvé d'autre explication à l'existence de l'état communautaire en leur temps. Les vicissitudes d'alors la leur faisait juger parfaitement légitime, malgré le grand progrès que déjà la notion du droit avait accompli dans le sens de la pleine individualité civile. C'est un indice de plus de la part qu'eut cet ordre de considérations dans l'institution communautaire; le but fut véritablement de conjurer les périls de ces vicissitudes. Coquille donne le pourquoi de ces prescriptions de la communauté dans la vie rurale, à quelque date qu'elles se montrent, quand il dit de leur fréquence en

---

[1]. Acte de 1188, dans Brussel.

Nivernais : « ... Parce que la véritable ruine de
« ces maisons de village est quand elles se par-
« tagent et séparent, par les anciennes lois de
« ce pays, tant es mesnages et familles de gens
« serfs qu'es menages dont les héritages sont
« tenus en bourdelages, a été instituée pour
« les retenir en communauté que ceux qui ne
« seraient en communauté ne succèderaient pas
« aux autres et on ne leur succèderait pas¹. » Et
ç'a été la tradition accréditée, car Dunod la
reproduit beaucoup plus tard encore pour justi-
fier les possesseurs de mainmortes : « ... La raison
« qui a fait établir la communion entre les main-
« mortables est que les terres de la seigneurie
« sont mieux cultivées et les sujets plus en état
« de payer les droits du seigneur quand ils
« vivent en commun que s'ils faisaient autant de
« menages². »

Du reste, l'institution communautaire établie
par la seigneurie dans l'ordre rural, semble la suite
naturelle d'un principe social originaire ailleurs
même que chez les peuples d'Occident. On la
retrouve, tout au moins on l'entrevoit au berceau
des nations grecque et romaine. Sous la condition
d'une assez grande variété d'application, elle est la
loi de la tribu ; la famille quiritaire, le clan, le fief,
la commune n'en présentent-ils pas les manifes-

---

1. *Institution au droit français*, chap. *Des servitudes personnelles*.
2. *Traité de la mainmorte*, p. 90.

tations dans l'ordre politique, la corporation dans l'ordre industriel? Dans le fief, la déshérence à défaut de descendance directe, immédiate, fut la garantie de l'indivision ; elle alla de droit en plusieurs provinces jusqu'au xve siècle, et le *relief*, le *retrait* en sont restés des souvenirs jusqu'à la fin. Il faut voir cela dans nos provinces de l'Est, le Dauphiné, le Bugey, la Franche-Comté. Ces principes y sont en action mieux qu'autre part, soit dans les institutions du servage soit dans la constitution du fief. Jusqu'au xive siècle d'une manière très générale, en beaucoup de seigneuries jusque dans le xve, non seulement le maître y succéda à ses serfs, mais le suzerain à ses vassaux décédés *sans hoirs de leur cors*. C'est le statut Delphinal qui ouvrit la première brèche contre cette pratique, à une date où elle était oubliée ailleurs; encore mit-il à l'abandonner la condition absolue que les vassaux en relèveraient les arrière-vassaux ou leurs censitaires [1]. Ce n'était plus qu'une question fiscale, somme toute, de sorte qu'en renonçant à ses profits le suzerain exigeait que ses inférieurs y renonçassent aussi. En 1421, le dauphin réclame l'application de l'ancien droit contre un vassal qui avait manqué à la condition. Beauvoir, une seigneurie de Franche-Comté, n'y échappa qu'en 1416. A cet indice de conformité entre la

---

[1]. Art. 54.

loi organique du fief et la communauté familiale imposée aux serfs, on peut ajouter ceux qui ressortent de l'usage à peu près général où furent les frères, jusqu'à une époque bien plus récente, de se faire respectivement hommage l'un à l'autre après le partage du fief par succession.

En cela comme en formant les *frérages* du Nord, les *ainesses*, les *vavassoreries*, les *masures* de Normandie, les *frêresches* d'Anjou, du Maine, de Touraine, les *pagesies* du centre, etc., la législation seigneuriale n'avait-elle pas voulu conjurer l'effet des divisions successorales, cimenter l'unité ? Ne fût-ce pas dans les mêmes vues sociales qu'en constituant l'état communautaire agricole ? Aussi Perreciot, l'un des auteurs qui, eu égard à l'état de la science dans le dernier siècle, ont jeté le plus de lumière sur la condition civile des personnes et des terres au moyen âge, montre « la nécessité de la communion entre les serfs « comme d'origine féodale [1]. » Antérieurement à lui, Gollut avait confondu dans le même dédain, en tant que « reliques du vieil paganisme, la « mainmorte pour les roturiers et les servitudes « du fief pour les nobles [2] ; » tous les deux étaient

---

1. *État civil des personnes et condition des terres*, t. II, p. 320 et suiv. de l'édition in-8º (1846). Aux *Preuves*, il donne l'acte de 1421, et d'autres de 1157 pour le Bugey, de 1261. 1285, 1310, 1416, pour la Franche-Comté. — Dans Salvaing, *Usage des fiefs*, chap. XXXII, on en trouve de 1258, 1367, 1352, particuliers au Dauphiné.

2. *Memoire sur les Bourguignons de Franche-Comté*, liv. II, p. 70 et suiv.

nés ou avaient étudié dans les contrées de l'Est, ils devaient d'autant mieux saisir le principe de l'ordre féodal : l'indivision, établissant le lien entre tous les éléments sociaux ? Pour la seigneurie, il alla de soi que l'indivision régnât dans l'exploitation rurale. Il lui suffit de donner aux *coloniœ*, dont le grand nombre a été constaté à l'époque carolingienne, une raison assez forte de se maintenir en communauté ; elle trouva naturellement cette raison dans les attraits de la vie civile. La condition qu'elle fit ainsi au serf valait mieux, relativement, que la liberté complète, car elle procurait la jouissance des droits personnels les plus enviés, avec des garanties que n'avait pas alors, il s'en fallait, la liberté juridique.

Ainsi fut organisée à nouveau *l'adscription à la glèbe*, qui avait formé le colonat. Quoique le cours des faits dût avoir dégagé la personne au lieu de l'immobiliser, on la riva de nouveau à la terre, on absorba l'ouvrier dans l'instrument, l'être dans la chose. Mais ce fut pour une existence sociale plus assurée et plus féconde. Recevant le domaine pour patrie en quelque sorte ; dans cette patrie trouvant les meilleures et les plus désirées des responsabilités que la liberté confère ; soumis à la seule obligation de ne point démembrer l'indivision ou de n'en pas sortir, il acquit ce que n'avaient eu ni le colon de l'Empire, ni le serf Gaulois ou Germain, à savoir une individualité réelle, efficace, quoique sous la forme impersonnelle. Or, en fait, le libre ne conservait alors cela que bien précairement. Sous la forme communautaire, l'individualité fut plus forte, bien moins sujette à faiblir que le fief lui-même. Elle eut plus de puissance pour parer aux fortunes des temps troublés où elle régna. Puissance économique, elle survécut à la puissance politique du fief.

Cette famille communautaire, qu'est-ce autre chose sinon le « *suis dividunt, donnant, relinquunt*. « *duntaxat intra domum*[1], » dont Pline dit avoir donné l'exemple dans ses domaines ? Seulement, il y eut cette grande différence : la seigneurie créa plus complètement et sûrement, pour le *parçonnier* serf, la « *respublica quædam et quasi civitas* » dans laquelle ce latin, le plus moderne d'esprit peut-être, pensait avoir établi sa main-d'œuvre rurale. Soit par tradition sociale soit sous l'empire du seul intérêt, la seigneurie avait placé le serf dans la condition et sous les règles qui devaient préparer pour lui l'avenir. D'elle-même, pourrait-on dire, ou bien de par une tradition sociale plus ancienne qu'elle, elle semble, en s'instituant, avoir donné à ses serfs des conditions qui leur fissent monter les degrés de génération en génération, afin que l'état d'infériorité leur

---

1. *Epist.* Lib. 16, « *Paterno suo* ».

fût transitoire. Ils purent prendre dans l'indivision familiale un continuel désir d'exhaussement, douer en conséquence la société de la permanence de vitalité qui la maintient et la suscite.

CHAPITRE VII

LA FAMILLE COMMUNAUTAIRE DANS LA SEIGNEURIE

On a parfois envisagé l'indivision communautaire des serfs comme une aggravation de la condition serve, d'autres fois comme une concession de la seigneurie. L'une et l'autre opinion est écartée par ce qui précède. A l'inverse, on a découvert en elle une conquête du serf, en voyant qu'elle consacrait pour lui la propriété par l'hérédité familiale. Cette autre manière de la comprendre n'a pas plus de fondement que la précédente ; elle répond aux prédispositions des esprits, en son temps, à ne trouver rien que d'oppressif et de spoliateur dans le régime seigneurial. La conquête, de la part des serfs, ç'a été de sortir de l'état communautaire ; cela n'arriva que bien après le moyen âge. L'explication donnée précédemment concorde du moins avec les choses [1].

Dans les avantages que l'indivision procura, qu'elle procura non aux serfs uniquement, réside

---

1. Troplong, dans sa préface du *Louage*, a donné cette interprétation, le droit ayant été éclairé chez lui par l'intelligence de l'histoire.

la raison de sa durée, et l'on comprend qu'il ait été naturel autant que facile à la seigneurie de rendre l'indivision obligatoire le plus possible. Elle fut adoptée avec ce caractère, expressément fixée ou bien maintenue, en chaque province alors que le fief était déjà amoindri ou rejeté. Dans la Picardie, la Normandie, la Bretagne au Nord; dans la Bourgogne, le Dauphiné, la Champagne, à l'Est ; dans le Nivernais, le Berry, la Marche, le Bourbonnais, l'Auvergne, la Guienne au Centre et au Midi, les textes attestent son existence bien avant le XIIIe siècle et bien après.

La vie en communauté familiale ne régit pas seulement le servage presque partout; elle s'étendit de soi dans le travail libre. Elle fut même censée exister tacitement en tout état d'indivision un peu prolongé. Les provinces qui viennent d'être nommées l'ont vu survivre au servage, abriter les vilains sous son cadre protecteur. En 1789, elle était encore florissante au sein de populations rurales parfaitement en possession de la liberté civile. Lorsque, en effet, le servage eut conquis par elle les facultés de succéder, de transmettre, de se marier à sa volonté moyennant un tribut, il eut moins besoin des cadres de l'état communautaire, l'indivision commença à lui peser; mais ces cadres furent alors recherchés par les libres. Ils parurent aux vilains un plus sûr moyen de protéger le travail, les épargnes, le fonds même, contre l'exaction et la violence. On voit, dans le xiii⁰ siècle, les serfs commencer à sortir, en leur qualité, du régime communautaire, la classe vilaine y entrer. Beaumanoir ne s'en occupe que comme le fait de personnes libres, et à ce titre on la rencontre à partir de ce moment dans les cartulaires, les terriers, les inventaires des grandes possessions¹.

Les juristes nous ont assez peu expliqué la communauté familiale en sa forme première. Dans les faits, elle ne prêtait sans doute guère occasion de s'en occuper; il ne faut pas s'étonner qu'ils la négligent. Rien de simple et de bref comme sa loi : nulle succession hors de la descendance directe vivant en communauté. « *Si homo obierit qui ad panem et conductum suum non habeat hæredem, si hæres ejus jam separatus est, monachorum erit quidquid homo ille possidebat* » : à son sujet, cette formule de la coutume de Morteau en 1188² exprime à peu près tout le droit. Sauf des réserves plus ou moins favorables aux proches pour se faire concéder par préférence la tenure du défunt, c'est de cette façon concise et

---

1. Beaumanoir, chap. XXI et XXII. — De même, dans les divers documents transcrits en extrait ou en entier dans la précieuse *Histoire des Classes agricoles en Normandie* par M. Delisle, elle est indiquée là par les mots... *Et particeps... et participes sui.* Ailleurs, on trouve..... *et consortes sui.* (*Olim*, t. III, p. 441). Cf. Ducange, édit. Henschel, V^{is} *par, particeps, parierii, perçonnarii*.
2. Perreciot, *ubi supra*, *Preuves*, p. 48.

absolue que, dans les textes antérieurs à 1250 ou dans ceux de ces environs, le droit, en ce qui la concerne, est à peu près uniformément écrit [1]. A cette époque, toutefois, s'ouvrirent les progrès dans la communauté, comme, au reste, dans les autres capacités civiles. Les conditions de l'indivision, la qualité des personnes à qui elle devait profiter, l'espèce des biens qu'elle embrassait devinrent successivement l'objet d'extensions donnant au serf une sphère d'action plus large. Où la communauté n'était d'abord reconnue que dans une cohabitation rigoureuse, où l'éloignement d'un seul *parçonnier*, même l'absence de l'enfant mineur au *feu* et *chanteau* la rompaient, on ne tarda pas à la déclarer maintenue dès cela seul qu'un des enfants restait commun. On comptait pour présents ceux qui n'en étaient sortis qu'à fin d'éducation, d'apprentissage, pour un service accidentel, voire à cause de mauvais traitements. On admit l'incompatibilité d'humeur comme un motif légitime d'absence; il fallut la prise réelle de part pour dissoudre la communauté [2].

Au XIVe siècle, Mazuer n'impose plus l'indivi-

---

1. *Anciennes coutumes de Champagne et de Brie*, chap. LX ; *Jura et consuet. Normandine*, chap. XXV ; *Anciens arrêts du Parlement de Besançon*.

2. En 1227, le comte Thibaut de Champagne concède aux filles mariées hors de la communauté le droit de succéder au bien commun.

sion pour condition d'hérédité qu'aux collatéraux [1]. Le bénéfice de commun, d'abord restreint aux descendants seuls, on en fait jouir les autres parents lignagers, bientôt tous les successibles, en introduisant dans la succession serve elle-même les effets de la représentation (Bourgogne, Berry). Extension tout à fait hors des principes originaires; elle ne passa pas partout sans débats; Coquille, après l'avoir admise dans le commentaire des premiers articles de la Coutume, la combat plus tard comme entièrement contraire à la loi de la mainmorte [2]. Enfin, tandis qu'à l'origine l'universalité des biens et des gains à la fois, meubles, immeubles, acquêts tombait sous la main de la communauté, elle fut restreinte peu à peu, par l'usage général ou par conventions, à l'une, à l'autre ou même à une quotité déterminée de chacune de ces sortes de biens [3]. Voilà ce qu'étaient devenues les conditions de la communauté serve vers le xve siècle. Elle offrait ainsi assez de garanties au travail pour que, dans quelques lieux, des familles s'associassent entre elles afin de former, sous l'égide de ses dispositions, de grandes entreprises rurales [4].

Une descendance moins limitée, une parenté

---

[1]. *Practica forensis*. tit. XXIII, n° 20.
[2]. *Commentaires*, titre *des Bourgeoisies*, art. 18.
[3]. *Ibid.* tit. des *Bourdelages*, art. 18.
[4]. *Coutumes locales de Berry* : Châtelet, art. 8; Linières, art. 4. — Cf. Lathaumassière, *passim*.

plus étendue, avaient donc été introduites dans le droit civil des serfs. Ils étaient sortis de l'état premier dont ces brocards, relevés par Loysel dans ses *Institutes* : « *Un parti, tout est parti* », « *le feu,* « *le sel et le pain partent l'homme morte-main* », expriment la rigueur absolue. Entrés faibles et dépourvus dans la communauté familiale, les serfs y avaient acquis assez de valeur sociale et de droit individuel pour s'y faire une existence en réalité peu différente de la vie libre. Ils étaient en position d'opter entre la continuation de l'existence servile ainsi constituée et les vicissitudes de l'état vilain. Dans la législation du XVIe siècle, la communauté est encore la condition nécessaire de l'hérédité pour le serf, mais on ne la rencontre nulle part sans les modifications qui viennent d'être indiquées.

CHAPITRE VIII

SERFS ET LIBRES DANS LE DOMAINE SEIGNEURIAL

Le servage avait envahi toutes les provinces. On le voit aussi bien dans celles où l'ancienne loi romaine était restée plus suivie qu'en d'autres, celles où l'on peut croire que la tradition du colonat avait persisté et celles où domine la tradition sociale de la Gaule et de la Germanie. Les textes ne permettent pas de mettre en doute qu'au-dessous de la Loire il n'ait point remplacé l'ancienne condition d'une manière tout aussi complète qu'en deçà. Les *Coutumes du Comté de Toulouse*, le *Statut de Provence* de 1304 semblent ne reconnaître d'autres personnes, parmi les agents du travail, sinon les « *adscriptitii, seu servi « vulgariter angarii, aut de corpore vel casalagio « homines* [1] », c'est-à-dire les serfs de corps ou les serfs de glèbe auxquels est donné pour loi le *caselage*, l'adhérence absolue au sol. Les *Usatici de Barcelone*, les *Anciennes coutumes de Bordeaux* (§§ 131, 139), les usages de l'Entre-deux-mers de

---

1. Le *Statut* est dans Giraud, *Hist. du droit français*, t. II.

Guienne [1], le grand nombre d'actes d'affranchissement enfin qui se rencontre dans l'histoire du Languedoc aux XIIe et XIIIe siècles, fournissent en cela les documents les plus affirmatifs [2].

Quand la communauté familiale devint le mode habituel d'existence des serfs, il y avait donc partout des personnes que leur condition civile et économique rendait parfaitement reconnaissables comme serfs, entre le petit nombre de libres que le temps comportait. Les maîtres avaient fait deux parts de leurs possessions : l'une, où ils résidaient ; l'autre, composée de leurs *villæ*. L'exploitation s'était divisée d'abord ainsi : dans les *villæ*, des serfs se trouvaient établis sous la conduite ou la responsabilité d'un intendant (*villicus, major*) ; là, chaque famille ou chaque individu en âge de faire famille était attaché juridiquement, à toujours, à une culture plus ou moins étendue, et ils s'y renouvelaient d'eux-mêmes comme le cheptel. Sur le domaine formant la résidence se trouvaient aussi, adhéraient (*prædiis adhærebant*) des serfs dont le travail et le croît s'effectuaient autour d'elle. Un premier progrès avait procuré aux serfs certaines latitudes, un degré de responsabilité personnelle sous la condition que chaque

---

1. *Manuscrit de Wolfenbuttel*, édit. Delpit, n°s 43, 497, 501.
2. Voir la grande *Histoire* de D. Vaissette, édit. du Mège, notamment le liv. XXVI, p. 97 ; et Mlle de Lézardière, *Théorie*, etc., *Preuves* du t. III, p. 457.

famille, chaque détenteur d'une exploitation (*manse, meix, couture, masure*, etc.), donnât à ce domaine un nombre de journées de travail déterminé (*corvées*); de nouveaux progrès avaient ensuite restreint ces corvées de chaque semaine à chaque saison de travail, puis à chaque année [1].

Ces latitudes, l'objet de ces corvées, leur nombre, leur moment, leur estimation ont continuellement varié pendant la durée du servage; sous leur variété elles marquent les transitions de l'état de servage à celui de liberté. Qui plus est, elles créèrent à la fraction de sol au sujet de laquelle elles se produisirent un caractère propre, quant au mode sous lequel l'exploitation en fut régie; un caractère qui y demeura incrusté, de sorte que n'importe qui y venant exploiter tomba sous la règle de ce mode spécial. Même après l'affranchissement, un tribut ou une redevance particulière rappela cet état originaire.

Tant que le servage a gardé un peu de ses caractères constitutifs, le libre et le travail libre se sont différenciés de l'état serf par ceci, que l'œuvre ou la personne ne furent ni attachées à une parcelle soit minime soit étendue du sol, ni soumises à des services ruraux ou domestiques qui dérivassent d'une diminution juridique du droit civil en eux. Le travail libre, notamment, se différenciait

---

[1]. Tout ceci amplement développé par Guérard dans ses *Introductions* aux Cartulaires.

en ce qu'il était exempt de toute obligation ne résultant pas soit du fait d'un contrat soit de son apparence. Mais il faut dire que dans le temps où Beaumanoir et les autres juristes rendaient leurs décisions et les recueillaient pour l'histoire, le cours des choses avait singulièrement mêlé les deux conditions. Les attributs de la liberté s'étaient si universellement établis dans le servage, tant d'exigences semblant serviles avaient atteint les vilains, que la démarcation paraissait effacée entre les deux ordres de travailleurs. Que l'on regarde à des cultures serves ou à des libres, on les trouve indistinctement ainsi. Les mêmes conventions leur sont communes. Beaucoup de serfs supportent des exactions seigneuriales, en même temps qu'un grand nombre de libres se voient soumis à des charges de servage, transportées dans le fisc seigneurial pour l'utilité qu'elles offraient. Les mêmes devoirs font des deux classes comme une seule et même classe ; il n'y a que les circonstances ou les actes de la vie civile, l'hérédité, le mariage, la succession, qui fassent distinguer l'état personnel de chacune. Encore, une foule de libres se sont-ils soumis volontairement aux restrictions que l'indivision familiale comporte. Les textes mêmes prêtent à cette confusion. Sous les désignations de *commun* ou *quemun peuple, gens de travail, habitatores, universitates, villani, rustici, gens de labour*, les actes émanés de l'autorité publique entendent la masse des cultivateurs ou détenteurs du sol quelle que soit leur condition civile. Seuls les titres d'affranchissement ou les pièces juridiques distinguent les serfs des libres, et attestent l'existence de deux sortes de personnes dans le monde de la production.

Ce mélange des conditions a dû avoir un résultat à constater comme un fait d'histoire. Il a probablement retardé de près d'un siècle le passage des classes particulièrement rurales dans la liberté, comparativement aux classes urbaines. Pénétré par les conventions, s'étant rendu communes les manières d'être des vilains quant au côté économique des choses, le droit servile trouva le moyen de proroger son existence. C'est sans doute en partie pourquoi il est resté d'usage général jusqu'au moment où, devenu à charge à la fois au maître et à l'asservi, sa destruction fut poursuivie par eux de concert. Bien plus, on est témoin que les maîtres s'en lassent de beaucoup les premiers; pendant longtemps les serfs se voient émanciper à vrai dire malgré eux. Dans la France du moyen âge, combien peu la servitude fut la brutalité constitutive, le mode arbitraire et impitoyable de posséder l'homme qu'il a été presque de lieu commun de supposer, cela doit ressortir de l'exposé qui précède. Le servage semble plutôt avoir été, dans l'ensemble, une condition imposée par le temps, devenue traditionnelle en conséquence, améliorée ensuite, par le temps encore, à proportion des besoins et du cours des idées.

Le serf ayant pu, hors de l'indivision familiale, se donner sur son pécule, sur son *avoir*, la jouissance de droits civils essentiels, tels que la faculté de déplacer à son gré son industrie et ses épargnes; dans la communauté, ayant trouvé la sûreté, l'allégement de charges, le respect de l'individualité et du travail qui créent l'accroissement en biens, conséquemment l'importance sociale, il regarda sans doute avec peu d'envie la condition des libres, c'est-à-dire la condition « vilaine ». Celle-ci était exposée à des chances autrement plus à craindre que la condition servile réduite, comme elle se trouvait l'être, au même moment. Dans une société où règne une certaine organisation publique, une société qui n'en est pas à ses commencements ou qui s'achemine à la décadence, il n'y a que le fisc, si dures d'ailleurs qu'on y suppose les formes et les exigences de l'état d'asservi, il n'y a que l'esprit de fisc pour étendre ses exigences et ses abus sans respecter les données mères de la production.

En passant dans la condition de *vilain*, le serf serait allé au-devant des situations qui portaient le poids des déprédations propres à la fiscalité seigneuriale. Avant de rechercher cette condition, il dut attendre de voir les libres, avec qui il avait presque pris rang quoique serf, protégés par une force publique qui ne fut pas débile, et sous laquelle il trouverait au moins la garantie d'une autorité judiciaire. Aussi, est-il particulièrement intéressant de regarder comment le servage fut effacé ou aboli en France; c'est ce qui va suivre. Par les modes que la condition serve pratiqua pour entrer dans la condition libre, on prend encore mieux la connaissance de sa nature. D'autre part, les influences diverses qui portèrent le servage à cette transformation ou qui l'en retinrent, se manifestent dans la suite des moyens par lesquels elle s'opéra.

CHAPITRE IX

DÉCADENCE ET DIMINUTION DU SERVAGE

Si l'on regarde à la date où l'affranchissement se multiplia en France et aux motifs qu'il y en eut, on se trouve au milieu du XIIIe siècle. Alors seulement, des raisons multiples, contradictoires souvent, commencèrent à donner simultanément aux serfs et à leurs maîtres le désir et le besoin d'éteindre le servage. Déjà la réprobation dont les entraves qu'il mettait à l'activité personnelle, à la production par suite, était écrite dans les actes d'affranchissement, dans ceux surtout émanés des seigneuries les plus hautes ; « *Consuetudo gravis et omnimodo exasperans* », porte l'affranchissement de Bourges en 1224[1]. Mais ni cela ni la liberté reconnue dans la plupart des domaines à un certain nombre, ni l'éclat dont cette liberté brillait dans les « *bourgeoisies* » n'avaient été des stimulants assez forts pour tourner les intérêts vers un changement d'état. Comme ces esclaves latins qui refusaient de Justinien le droit de cité à

---

1. Voir, du reste, la plupart des *Préambules* des actes de même nature.

cause des misères où il jetait les libres[1], les asservis du moyen âge se montraient froids devant les perspectives de l'état vilain.

La plupart des seigneurs n'eurent guère que depuis Louis IX les raisons qui les portèrent à affranchir. Pour déterminer la réaction des intérêts contre l'état servile, il fallut, outre la forte impulsion morale de ce règne, des nécessités économiques. Celles-ci prescrivaient d'une part de chercher des modes de travail plus productifs que ceux du servage ; d'autre part elles obligeaient à accroître les ressources du fisc seigneurial. Il fallut aussi que l'établissement d'un pouvoir public plus vigoureux que précédemment, servi par des juridictions plus justes et plus obéies, par des agents mieux conduits et plus retenus, rendît plus enviables les responsabilités de la condition libre.

Ces causes ne concoururent pas toutes à la fois, d'une manière aussi active partout, ni avec les mêmes effets. La liberté mit deux siècles pour devenir générale, En disparaissant, le servage révéla en lui la diversité de caractère, de consistance, de but qui avait présidé à son établissement. Le morcellement social dont la seigneurie était l'expression fit, en effet, que la condition des personnes et des possessions fût régie par des

---

[1]. Code. liv. III, tit. II, § 25.

influences multiples et locales, dans sa durée et dans sa disparition, comme elle l'était dans ses manières d'être. L'abolition de la servitude s'effectua sous des conditions de lieu, de temps, d'efficacité par dessus tout diverses, c'est pourquoi sans règle commune. De là les plus frappants disparates. Ils s'attestent sur le même domaine, dans le même moment, au sein de la même famille. Avant l'entier affranchissement, la servitude reprit souvent par des détours ce qu'elle avait perdu, et la liberté s'appropria par extension ce qu'on avait cru retenir contre elle.

Cependant les influences destructives du servage, pour n'avoir eu ni une action simultanée ni des conséquences uniformes, peuvent être classées sous de certaines catégories. De même l'action de chacune peut être indiquée dans des termes généraux. Il ressort des faits que tantôt les maîtres, tantôt les serfs, tantôt les uns et les autres ensemble ont eu hâte de l'affranchissement; en divers lieux aussi ou à d'autres dates, les uns comme les autres s'en sont montrés également éloignés. Même dans les lieux où la servitude a cessé le plus tôt et le plus généralement, on la voit maintenue très tard pour des services bien inférieurs au prix que devait présenter la liberté. Enfin, la liberté n'a pas vu les mêmes conditions de travail et les mêmes latitudes civiles succéder partout au servage. A ces différences une double cause. D'abord la situation où se trouvèrent soit les personnes soit leur intérêt, maîtres ou serfs; en seconde ligne la valeur qui fut ou ne fut pas attachée au servage comme moyen de la production. Voici, par les côtés saillants, la mesure de chacune de ces causes et leur rôle respectif dans les faits.

La liberté fut offerte avant d'être sollicitée. Le roi l'offrit plus tôt qu'aucun autre maître, parce que, bien avant tout autre possesseur de serfs, ceux-ci lui devinrent inutiles. Posséder plus de sujets, c'est en cela que fut son intérêt. Le rôle qu'il s'était fait avait autrement plus d'exigences que celui de la seigneurie; il importa donc à son fisc que les populations imposables fussent multipliées. Dans l'obligation de s'acquitter celles-ci puiseraient une sorte de nécessité de produire toujours davantage. Substituer des libres à des serfs qui procuraient l'unique revenu du sol cultivé et quelques tributs de formariage ou d'hérédité, fut de besoin pour lui. La seigneurie aussi ressentit ce besoin, mais il l'eut avant elle, et il fut le premier à en avouer le mobile. On voit clairement cela aux ordonnances de 1315 et 1358. Celle de 1315 a cherché à rendre l'affranchissement obligé et n'a pas eu assez d'effet; alors intervient celle de 1358 pour la levée de l'aide votée par les États de Compiègne; elle impose, en quelque sorte d'office la libération ; elle déclare les serfs contribuables en les frappant de taxes commes les libres[1].

Cet aveu tacite de l'intérêt fiscal ne tarde pas, dès ce moment, à ressortir des actes de la seigneurie. Elle a mené une existence fastueuse, il lui faut désormais plus de moyens. Il y a bien, sous Louis IX, un moment où ses actes de libération des serfs attestent dans les préoccupations morales un de ses mobiles; mais auparavant déjà, et après d'une manière habituelle, ils ne dissimulent aucunement l'avantage financier. Si on ne voyait pas cet avantage écrit en termes exprès, il résulterait de ce qui est stipulé; il n'y a guère de charte d'affranchissement qui ne double au moins les redevances antérieures[2].

C'est le pouvoir communal qui, après la royauté, exerça le plus d'action pour généraliser l'état libre. De sa part aussi, l'intérêt fiscal est évident, outre l'intérêt politique. Pour ces premiers arrivés du progrès social, pour ces vilains des cités, des bourgs, que leur développement, leur importance, leurs soulèvements parfois (et de ces soulèvements a-t-on assez parlé), avaient mis en possession des droits de la personne, il ne devait pas paraître sans danger de laisser subsister tout près d'eux la servitude. Ils pouvaient craindre

---

1. Articles 14 et 15 taxant à un homme d'armes par 100 fr.
2. Pour les preuves, Cf. Guerard, *Int. au cart. de S. P. de Ch.*, et *Prolég. d'Irm.*

qu'elle les ressaisît ; la contagion de l'exemple ne les ferait-elle pas ramener sinon au non-être civil de la mainmorte, tout au moins sous l'arbitraire des tailles? D'ailleurs, la plupart avaient contracté envers le seigneur des charges très lourdes, consenti des tributs élevés. Beaucoup, comme Beauvais, furent près de renoncer aux droits concédés, faute d'être à même d'en solder le prix [1]. La plupart n'y pouvaient suffire sans se livrer aux mêmes exactions que le seigneur à qui elles s'étaient substituées [2]. Il fallait donc répartir ces dettes de la liberté. Augmenter le nombre des débiteurs en étant le moyen, on étendait la condition vilaine jusqu'aux dernières limites. On ne se bornait pas à stipuler qu'aucun homme de mainmorte ne pourrait rester dans le territoire de la commune [3]; si l'on ne pouvait pas faire écrire dans les chartes le principe si large des communes allemandes : « La loi urbaine casse la loi cham-
« pêtre, » on savait en faire un emploi détourné équivalant à l'affirmation textuelle. Protégeant par les plus subtiles garanties les serfs fugitifs qui

1. *Olim*, t. I, p. 423.
2. Plusieurs exemples dans les *Olim* ; notamment t. I, p. 669, pour Beauvais ; p. 562, pour Verneuil.
3. *Charte de Saint-Quentin*, 1213, art. 5, commune à presque tout le Soissonnais (*Olim*, t. I, p. 434). — Ces dispositions avaient bien l'effet d'assurer la liberté à toute personne légalement domiciliée dans l'étendue de la commune ; elles avaient aussi, peut-être, le but imposé de prévenir la désertion des serfs du seigneur sous l'égide communale.

prennent asile sur leur territoire, les communes étendent outre mesure leur banlieue, les effets des aveux et ceux du domicile. Quiconque a regardé avec quelque détail aux chartes des communes ou à leur histoire a pu vérifier ces faits [1].

Autre détail : pour que les seigneurs eux-mêmes trouvassent avantage à affranchir, il fut nécessaire que les pratiques de leur fisc particulier eussent rendu très ressemblants l'état du serf et celui de leurs sujets vilains. En cela la situation des uns et des autres n'eut quelque ensemble que vers la fin du XIIIe siècle. Alors, à vrai dire, le domaine et la seigneurie cessèrent d'être distincts en fait. La seigneurie se montra d'autant plus pressée, maintenant, qu'elle assurait moins au serf la paix et le respect exigés par la production. Le serf, lui, ne trouvant plus dans la proportion des fruits l'attrait qui l'avait attaché jusque là, suffisait mal aux besoins, de sorte que comparativement à l'état de libre, non seulement le servage paraissait ou inutile ou désavantageux au seigneur, il était, de plus, odieux à l'asservi.

1. Voir, du reste, Beugnot, *Municipalités rurales* ; le *Traité des Bourgeoisies*, de Droz, chap. V ; Mlle de Lézardière, 3e époque, 1re partie, livre II, chap. XI, *Preuves* ; l'*Histoire de la commune d'Amiens*, par A. Thierry. Comme exemples, les communes du Laonnais, celle de Corbie (*Olim*, t. I, p. 594), celle de Sauges qui avait réparti ses charges sur quarante-deux villages autour d'elle, celle de Vernon, comprenant un rayon de sept lieues.

A cet égard, une différence se montre entre les seigneuries laïques et celles de l'Église, différence attestant que ces faits ont bien eu leur rôle dans l'abolition de la servitude. Cette abolition a été lente et tardive dans les domaines de l'Église. L'œuvre rurale y ayant toujours été l'intérêt dominant, le serf y jouit de la sûreté, des ménagements, de l'aide ou des indemnisations qui rendaient cette œuvre rémunératrice. En conséquence, la privation de la liberté civile y apparut beaucoup moins vite qu'ailleurs comme une entrave ou une tyrannie. A ce motif de durée du servage ecclésiastique s'ajouta cet autre, que l'Église posséda longtemps moins de droits fiscaux comparativement que n'en avaient les seigneuries laïques. Elle ne dut pas trouver grand avantage à offrir l'affranchissement, ni ses serfs à le rechercher. C'est pourquoi, probablement, elle garda ceux-ci si près des temps modernes; surtout c'est pourquoi elle put mettre la liberté à un si haut prix, l'accorder à si petite mesure ou avec autant de restrictions que cela se voit dans les *Cartulaires*, à des époques où, autour de ses possessions, maîtres et non-libres détruisaient à l'envi la servitude. Mais quand l'Église, soit au lieu, soit en outre du simple domaine, eut aussi la seigneurie fiscale, elle participa aux pratiques de fiscalité. Alors elle devint soumise aux nécessités qui transformèrent le servage en vilainage, qui plus est soumise aux révoltes qui y obligèrent. Les premières insurrections communales eurent lieu contre des seigneurs ecclésiastiques.

Un des textes où l'intérêt qui porta la seigneurie à affranchir ses serfs se révèle le mieux, est fourni par le Chapitre d'Étampes, et aussi l'art qu'elle mit à dissimuler cet intérêt. Les serfs ont promis, est-il exposé, « qu'eux et leurs héritiers « acquitteraient toutes les charges qu'il plairait « au Chapitre de leur imposer s'il les soustrayait « à l'opprobre de la servitude »; et le Chapitre « espère retirer pour le bien de son église toutes « sortes d'avantages » en leur accordant la liberté aux conditions fixées ; « *quod si servitutis oppro-* « *brium ab eis tolleremus, libertatis beneficium eis et* « *filiis suis tam natis quam nascituris impendentes* « *quas cumque redhibitiones sibi et hæridibus ipsorum* « *et terræ nostræ vellemus imponere... firmiter observa-* « *rent... Nos igitur, attendentes multimodo commodi-* « *tatum genera tam nostris hominibus et eorum hære-* « *dibus quam nobis etiam et ecclesiæ nostræ ex ejus* « *concessione libertatis provenire posse...* » Le Chapitre se réserve, en conséquence, toute la série des redevances que la seigneurie fiscale avait coutume de s'assurer. Il y a même au delà : il stipule une double dîme, la onzième et la douzième gerbe. A la vérité, cette douzième gerbe s'appellera la « gerbe de la liberté « *gerba libertatis* ». La flatterie de l'indépendance sert de passe-port à des exigences auparavant inusitées[1].

Dès le milieu du XIIIe siècle environ, les seigneurs s'efforcèrent à l'envi d'attirer dans la condition vilaine les serfs de leurs domaines, et ils colorèrent de cette manière les avantages de leur fisc par les attraits naturels de la liberté. Si les serfs avaient suivi l'impulsion avec autant d'empressement qu'en mirent, pendant cent années, les rédacteurs de chartes à étaler les vices et les désolations de la servitude, l'état libre se serait généralisé bien avant l'époque où elle prit réellement possession des faits. Mais, c'est à répéter, il fallut, auparavant, que le servage fût tombé au niveau de la condition vilaine par l'exaction. Lorsqu'il n'offrit plus les garanties de sécurité et de calme dont il avait joui, quand il ne parut plus être qu'une inutile et tyrannique privation de l'individualité civile, la condition libre, l'état de vilain devint recherché. A la fois, il fallut que le développement des doctrines juridiques et celui du pouvoir gouvernemental présentassent, dans la condition libre, un état défensable. Quoiqu'il ne fût pas toujours assez défendu, il donna l'idée que la protection n'y manquerait point, et ce fut suffisant

Avant une certaine date la distinction est facile

---

1. V. Ordonnances. t. XI, p. 322, et Fleureau, *Hist. d'Étampes*.

entre les titres écrits avec un égal désir d'être
affranchi comme d'affranchir, et ceux où l'émancipation fut au moins aussi souvent imposée que demandée. Plus leur texte insiste sur les malheurs du serf, moins on doit supposer que les serfs l'ont désirée. Où les deux intérêts se rencontraient dans la même vue, il y eut à peine besoin d'un titre; s'il en fut fait, des avantages sérieux en ressortent au moins visiblement, des stipulations destinées à accroître les forces avec les immunités. Les preuves abondent, au contraire, du peu d'attrait des serfs pour des jouissances civiles qui entraînaient les lourds fardeaux dont la seigneurie grevait les vilains. Le mandement usuellement cité de 1315 les résume toutes. La « chétivité de servitude », comme il dit, non seulement ils s'y tenaient; mais elle était enviée, bien plus, par nombre de ceux qui, après l'épreuve de cette « franchise » qu'on tâchait de leur faire un point d'honneur national de posséder[1], trouvaient une porte ouverte pour retourner à leur premier état. En 1276, des hommes affranchis par le roi, qui plus que tout autre seigneur, cependant, pouvait protéger ses vilains, s'empressent de réclamer le bénéfice de la condition qui devait les remettre dans le servage. C'était le mariage avec des femmes serves d'une

---

1. Ordonn. du 5 juillet, *Préambule*.

autre seigneurie; on les voit s'efforcer d'établir qu'ils sont passibles du cas [1].

On atteint le xive siècle sans que le besoin d'être affranchi s'empare avec quelque généralité du personnel des serfs. Mais dès cette date les chances de l'existence vilaine ont été pesées; « l'opprobre de la servitude » est compris, l'oppression mal supportée dans l'indivision. Alors se manifeste partout une réaction contre l'état de serf. Réaction très différente en ses moyens de celle qui avait déjà affranchi beaucoup de villes et de bourgs; la révolte s'y atteste à peine, parce que les causes et le mobile n'étaient pas les mêmes. Le servage avait uniquement la force qui est du domaine de l'utile, la force économique, et très rudimentaire encore. Force éparse, d'ailleurs, isolée, sans lien d'un lieu à l'autre, celle de machines dont le jeu s'arrête ou se ralentit faute d'équilibre ou d'entretien. Les conquêtes d'ordre politique ou d'importance sociale, il ne les connaissait qu'à travers les détours de l'intérêt, il n'en avait pas les instincts révolutionnaires ni les moyens. La seule arme de l'inertie était à sa disposition; quand l'état libre devint son but, il fit de cette arme un usage efficace. On vit le travail abandonné, l'œuvre indivise odieuse et les communautés serves s'éteindre faute de

---

1. *Olim*, t. II, p. 74, les Hommes de Pierrefonds.

mariages, après s'être amoindries faute de production. La recherche de l'individualité civile, de la responsabilité de soi, devint aussi ardente qu'autrefois celle de l'état serf et de l'indivision. Entre le XIVe et le XVIe siècle, la pauvreté des lieux mainmortables est reconnue par une multitude de titres, dans toutes les provinces de la France; elle est attestée par leur texte, prise pour cause ou pour prétexte de l'affranchissement.

Tous les intérêts se trouvant ainsi d'accord, la condition vilaine envahit l'ancienne surface du servage. Les populations qui l'avaient rejetée ou refusée la rendirent nécessaire, avant même que l'on fût porté à l'établir ou qu'on le crût utile. Les héritiers des seigneuries qui s'étaient associées autrefois par les *parcours* et les *parées* pour se garantir contre la fuite des serfs, pour se rendre le servage fructueux par des mariages combinés, luttèrent d'offres libérales, on dirait d'embauchage, mettant la liberté au rabais afin de retenir, de ramener ou d'attirer sur leurs terres les serfs qui les avaient laissées ou désertées : « *Attendentes utilitatem nostram et emendationem* « *villæ nostræ* », est comme la devise de la plupart des actes d'affranchissements ruraux de cette époque. En 1347, l'archevêque de Besançon, libérant sa seigneurie (*poostey*) de Gy et Bucey, disait contre le servage : « Cils de morte-main négligent « de travailler en disant qu'ils travaillent pour

« autrui, et par cette cause ils gastent le lour et
« ne leur chaut que lour demourait; et se ils
« étoient certains que demouroient à lours pro-
« chains ils le travailleroient et acquerroient de
« grand cuer...; le leu affranchi, li voisins, li pro-
« chains et li loingtains a plus grand saultez de
« cuer et de cors pour lour et pour lours hoirs
« attrairont a Gy pour cause de la franchise et
« de la fourteresse... et lours fils et lours filles et
« lours parents marieront, ce que ils ne vouloient
« devant pour la main-morte...; les terres à pré-
« sent vaquants et non cultivées se planteroient
« et édifiroient por qoy li droits dou seignour
« seroient crehuy et multipliez...¹ ». En 1424,
Philippe le Bon reprend le même thème en
Bourgogne : « ... Les hommes mainmortables de
« condition serve des villes de notre terre, cha-
« tellenie et seigneurie de Faucogney, nous ayant
« par plus d'une fois fait exposer la grande dimi-
« nution et le petit nombre de peuple estant de
« présent èsdite ville qu'anciennement soulait
« estre bien peuplée, et aussi la grande désolation
« en quoi est et vient de jour en jour notre dite
« terre pour cause de ladite main-morte, pour
« occasion de laquelle plusieurs habitants des-
« dites villes s'en sont allés demorer et marier
« leurs enfants autre part en lieu franc, et n'y

---

1. Perreciot, t. II, p. 125, et III, nº 126.

« veulent venir demorer aucuns estrangers...
« pourquoy icelles villes sont en voie de venir en
« total dépopulation si par nous n'était pourvu
« en affranchissement de ladite main-morte et
« serve-condition ». Entre les dates de ces deux titres, ce langage est un lieu commun dont se sert chaque maître pour détruire de ses mains, en vue du « *repeuplement* » de ses possessions, le régime civil qui avait le servage pour fondement depuis près de quatre siècles[1]. Il n'était plus besoin que les juristes développassent les doctrines de la liberté; les faits eux-mêmes les avaient enseignées irrésistiblement aux esprits.

---

[1]. Sur tout cela, voir : *Mémoires et documents relatifs à la Franche-Comté*, publiés par l'Académie de Besançon ; Clerc, *Essais sur l'Histoire de la Franche-Comté*, liv. VII; Beugnot, sur la *Coutume d'Alais* (*Olim*, t. III, et *Bibl. de l'Ecole des Chartes*, t. VIII, p. 104).

CHAPITRE X

MARCHE ET DEGRÉS DE L'AFFRANCHISSEMENT

S'affranchir ou être affranchi n'était pas praticable partout en même temps, non plus qu'à chaque moment où serfs et maîtres l'auraient voulu. D'abord, la loi féodale obligeait le vassal qui affranchissait à faire approuver son acte par le suzerain, sous peine de confiscation (*commise*) de son fief pour l'avoir amoindri (*abrégé*); la libération pouvait être par là arrêtée souvent. En second lieu, les intérêts économiques ayant infiniment de variété à cette époque, le besoin d'affranchir n'était ressenti de chaque intéressé ni à la même date, ni au même degré, ni de la même manière. Donc beaucoup d'inégalité dans la marche de l'abolition de la servitude en France. A ce dernier ordre de considérations, notamment, doit être attribué ce fait que dans des moments et au sein de provinces où le servage n'est plus à proprement parler connu, on rencontre des situations qui, sous d'autres noms que celui de *serfs*, laissent aux personnes des caractères dérivés de l'état servile. En Normandie, par exemple, le servage cessa le plus tôt et le plus facilement ; le xvi⁰ siècle, cependant, y trouva encore dans les *bordiers* une condition civile qui, pour n'être pas la servitude des temps antérieurs, n'était point la liberté non plus. Ces *bordiers* devaient des services de détail à l'exploitation rurale, comme cueillir les pommes, faire le cidre, faner, rentrer, tasser ou battre les gerbes, etc. ¹. Services garantis au propriétaire par l'adscription à une glèbe ² ; ils n'en étaient aucunement tenus par suite d'une déchéance personnelle, d'une pénalité quelconque, mais au même titre que les serfs ordinaires ; et sous la réserve qu'ils les remplissent, ils jouissaient de toutes les immunités accordées aux serfs.

On a l'explication de ces façons de servage amoindri et tardif, dès qu'on se reporte à l'intérêt qui avait imposé la dépendance des personnes comme forme nécessaire du travail. Le travail libre suppose le salaire : le servage, rétribué avec la seule monnaie qui fût commune au moyen

---

1. *Cartulaire de Philippe-Auguste*, édit. Delisle, dans les *Mémoires de la Société des Antiquaires de Normandie*, t. XVI ; ou 2ᵉ série, vol. VI, n⁰ 611, bail à ferme de 1258-59 : « ... Servitia bordariorum qui debent poma colligere et triblare, facere cidrum, fenare et adunare, in augusto tassare blada et legumina »... D'autres bordiers devaient nettoyer les étables.

2. *Ibid.*, n⁰ 1162, vente de 1241, qui énumère beaucoup de bordages avec la mesure de leur tènement : (*Hist. des classes agric. en Normandie*, par M. Delisle, p. 20 et 681). — Cf. *Mémoires de la Société de la Suisse Romande*, t. III, p. 297, où l'on voit les offices vils, comme ceux de la justice criminelle, confiés aux derniers serfs

âge, la terre, dut persister aussi longtemps que d'autres moyens de salarier ne furent pas à la disposition des propriétaires de domaines. Tout en provoquant ou en imitant une transformation de la condition des personnes qui leur assurait d'autres avantages, ces propriétaires s'efforcèrent de conserver, tant qu'ils le purent, des services non payés ou payés d'une parcelle de sol. Les services des *bordiers* normands sont de ce genre ; ils représentent la dernière limite où il fut possible, dans la Normandie, de faire persister des conditions non libres ; on les vouait aux travaux de domesticité rurale parce que c'étaient justement ceux qu'il aurait fallu payer en argent. Tels sont de même tous les degrés qui, dans une foule de lieux, s'étagèrent entre la privation et l'entière jouissance de la vie civile : ils expriment la portion de salaire qu'on n'eut pas le moyen de donner ou de se faire donner, la somme de travail non rétribué qu'on fut contraint de retenir ou de céder au moment où l'affranchissement se décida.

Cet intérêt, très évident dans les faits qui ont marqué l'abolition de l'esclavage, comme, à l'inverse, ils avaient été une cause déterminante de son adoption[1], cet intérêt s'ajouta aux circonstances qui viennent d'être exposées, pour régler

---

1. Guérard, *Proleg. d'Irm.*, § 148, quant aux Francs en Gaule.

la marche de l'émancipation civile jusqu'au xvie siècle. Alors elle tomba à peu près exclusivement sous l'action des théories juridiques. Mais si l'on associe à ces circonstances les considérations, essentiellement locales, qui décidèrent, dans l'affranchissement, l'adoption plus ou moins obligatoire de certains modes soit traditionnels soit temporairement nécessaires pour le travail, pour la conduction des terres, on aura vu l'ensemble des causes qui, plus ou moins isolées et plus ou moins simultanément, présidèrent à l'abolition du servage. Voici des indications générales dominant les faits de détail ; elles sont tirées des situations les plus contrastantes entre elles, afin de rendre plus sensible la raison des différences.

L'affranchissement ne s'opéra pas partout par des chartes. La plus vaste érudition, fouillant les plus riches archives, ne ferait pas que des titres en pussent être fournis partout. Le plus grand nombre des serfs dut certainement la liberté à de simples modifications, conventionnelles ou tacites, dans les manières de prélever les fruits ou dans leur partage. Les actes intervinrent quand il y avait eu des débats judiciaires ou des luttes ; on écrivit alors la transaction. Probablement elle appliqua aux lieux qu'elle concernait des modifications passées ailleurs en usage. Les conditions nouvelles qui en résultent sont multiples, souvent contradictoires les unes avec les autres ; elles attestent en cela l'empire éminemment local et très variable de circonstances d'ordre matériel. Leurs dissemblances s'expliquent quand on cherche en cela leur origine; elles paraîtraient des anomalies si on la prenait autre part. Dès la fin du XIIIᵉ siècle, la Normandie et la Bourgogne haute ou basse présentent les deux extrêmes : là le bail à ferme, le plus haut degré des conductions rurales; ici la tenure en mainmorte, qui gardait le caractère le plus saillant du servage, entre ceux qui le constituaient.

Sur le vaste territoire normand, on voit la servitude disparaître dès le règne de Philippe-Auguste. Elle s'éteint sans bruit, d'un accord commun, comme une situation généralement estimée vicieuse par les intéressés. Hormis pour les villes ou les bourgs fermés, peu de chartes, peu d'actes écrits; l'usage, la convention tacite règlent tout. Quand on y regarde à une date où le servage règne toujours ailleurs, on ne trouve plus que des personnes complètement pourvues de la vie civile et occupant les fonds en vertu de contrats débattus; il ne subsiste de l'état serf qu'une redevance sur la succession et un tribut au moment du mariage[1]. Le fermage à court terme et l'extrême morcellement de la culture, ces deux con-

---

1. Voir Delisle, *ubi suprà*, p. 69 et 73, et à l'*Appendice*, les *Coutumes de Courchelles en 1302*.

ditions on peut dire modernes de l'agronomie, parce que ce sont elles qui, après la pleine propriété, supposent le plus d'individualité dans le cultivateur, ont des agents infiniment multipliés dans les « *firmæ mutabiles* », dans les « *plenæ et* « *dimidiæ culturæ* », dans les tenures d'un acre, d'un demi-acre (environ 65 à 80 et 32 à 40 ares), qui figurent en très grand nombre dans les textes. L'exploitation rurale s'est tellement fractionnée qu'on voit beaucoup de cultivateurs n'avoir qu'une bête de trait, qu'ils associent à celle du voisin pour labourer leur tènement respectif[1].

A la même date les deux Bourgogne, au contraire, n'avaient pas de préoccupation plus suivie que de faire au personnel rural une digue contre les conséquences de l'état de *vilain*. Beaucoup plus tard même, le travail libre y paraît un danger. On emprunte à la condition servile ses lois de famille et de possession, toute son organisation matérielle, pour créer ces mainmortes que 1789 y trouva encore existantes. Loin d'être emportées ou amoindries avec tant d'attributs du servage par le mouvement juridique de la Renaissance, elles avaient été confirmées par lui comme répondant d'une manière essentielle aux nécessi-

---

1. Delisle, *ubi suprà*, p. 315, note 36 ; voir aussi le chap. XI et, à l'*Appendice*, l'*Etat des revenus de l'abbaye de Saint-Michel à Venon* ; la terre de Bretteville y est toute affermée en grain, par lots d'un acre et d'un demi-acre.

tés ou au génie économique de ce pays. « *Quod-« dam genus proprium huic provinciæ* », dit le Procès-verbal de rédaction de la Coutume. De bonne heure la servitude de la personne n'avait plus eu de prix; on en attribuait un très grand, toutefois, à la servitude du sol. Dès 1180, toute liberté civile y est laissée au cultivateur[1], tandis que le servage s'incruste au domaine comme condition absolue d'exploitation. Le cultivateur pourra n'y point venir sans avoir débattu certaines conventions; il pourra quitter moyennant une indemnité que fixe la Coutume; mais il n'exploitera que mainmortablement; il sera sous le régime de l'indivision familiale garanti par la déshérence hors de la communauté. Il a l'an et jour pour se décider; mais une fois les règles et les devoirs de cette mainmorte acceptés, il est non-recevable soit à en critiquer les exigences, soit à prescrire contre elles par n'importe quelque longue-possession différente.

Ces constitutions si dissemblables du travail en chacune des deux contrées n'ont pas d'autre cause que la différence des conditions naturelles. Ni une disposition libérale des seigneurs de Normandie ne saurait être donnée pour le motif qui

---

1. Il faut noter comme une exception rare le droit reconnu, à cette date, aux religieux de Bellevans : « De penre et joyr des choses à leurs homes de Atoyson toutes fois qu'ils voudront jusqu'a cors hom ».

développa là les modes de culture les plus avancés, ni les calculs de maîtres impitoyables pour celui qui maintint le travail rural sous le régime serf dans les deux Bourgogne. Les seigneurs normands s'accommodèrent trop bien, longtemps, en Angleterre, de conditions serviles très étroites, pour qu'on leur suppose ces idées élargies ; ceux des deux Bourgogne rendirent trop aisément et trop tôt les droits civils à la personne, pour qu'on les taxe d'avoir cherché à les reprendre au moyen de la tenure en mainmorte. Dans les deux cas, dans tous autres analogues d'ailleurs, le disparate des procédés ne fait que mettre en lumière des nécessités économiques opposées. Dans les Bourgogne, la lutte a bien été engagée par le vieil esprit seigneurial contre l'esprit d'individualité. C'est une de nos provinces de tradition germanique où la seigneurie, ayant su le mieux se préserver des écarts fiscaux, a fait durer le plus longtemps ses formes. Elle a pu ainsi maintenir la personne dans la pratique et les conséquences de l'indivision. Jusqu'à un certain point, il semble que les modes serviles y ont été recherchés à cause de l'attachement aux principes de la féodalité seigneuriale. On s'en autoriserait aussi pour dire que l'individualité civile y fut redoutée par les motifs qui avaient fait combattre, plus ardemment qu'ailleurs, sa formation dans les villes. Les franchises municipales, en effet, y furent inconnues jusqu'en 1330. Leurs premières manifestations amènent alors un soulèvement général des seigneurs. Ceux-ci s'interdisent entre eux d'admettre l'affranchissement par aveu, par an et jour, défenses reproduites encore dans la Coutume de 1459 [1]. Jusqu'à la fin du xve siècle, ils paralysent de cette manière, aux mains de leurs suzerains, ces moyens partout actifs de la destruction du servage. Si les guerres qu'ils firent, et dont plus d'une eut pour cause cette résistance à toute émancipation dans les seigneuries [2], ne les avaient pas forcés, à la fin, de se créer à leur tour, avec des soldats et des contribuables, des laboureurs plus intéressés au travail qu'auparavant, rien n'eût été moins commun que la liberté civile dans les deux Bourgogne; lorsque déjà elle régnait dans les villes et dans la plupart des bourgs de France.

Mais on ne peut attribuer à l'esprit qui inspira ces résistances qu'une part d'influence minime, secondaire, dans la recherche de la tenure en mainmorte. Elle eut beaucoup moins pour cause cet intérêt tout politique, que l'avantage local à faire persister le régime de l'indivision dans la culture. On n'en peut pas douter en voyant la

---

1. Art. 49, tit. *De statutis dominorum*.
2. Pour les développements et les preuves, voir Beugnot, sur les *Municipalités rurales*; Droz, *Histoire des bourgeoisies*, chap. VI; Clerc, *Essai*, liv. VIII.

mainmorte réelle être, dès le xiiiᵉ siècle, le sujet de conventions, offerte et prise comme un bail ordinaire, s'établir à ce seul titre dans ces colonies des vals de Morteau et de Saugeois¹, qui durent tant de célébrité, dans le dernier siècle, à la résistance judiciaire des moines de Sainte Claude. Pas davantage quand on fait attention aux très larges conditions d'existence que leur assure la Coutume, et qu'on lit, à propos des communautés familiales, les jugements portés par tous les juristes, tous les auteurs qui ont écrit à son sujet, jusqu'au moment où la liberté des fonds parut partout un principe aussi essentiel et imprescriptible que la liberté humaine elle-même. La servilité de la tenure, dans les Bourgogne, vint de ce qu'on y crut nécessaire de chercher les garanties de la production dans la limitation de sa liberté, de son individualité pour ainsi dire, tandis qu'autre part ce fut dans des bornes moins resserrées ou dans l'indépendance complète.

Les convenances de la production, c'est-à-dire l'utilité de céder à la fois aux exigences du lieu et aux aptitudes des personnes, telle fut donc la loi régulatrice des modes du travail agricole au sortir du servage. Des terres faciles, fécondes de soi, rendues propres par le climat ou par la nature à donner les fruits que recherche la con-

---

1. 1200, 1251, 1296. Voir Droz, *ibid.*, p. 141 et *Preuves* de l'*Histoire de Pontarlier*; Clerc, t. I, p. 305 et suiv,

sommation la plus générale, conviaient d'elles-mêmes les populations à la culture : elles ont rapidement enrichi et élevé ces populations; non seulement elles permirent, pour produire de plus en plus, que le laboureur eût tout l'essor de la liberté, tout autant elles le prescrivirent. Au contraire, pour des cultures d'incertaine réussite ou demandant beaucoup de main-d'œuvre; pour le sol dont le rendement faible aurait promptement jeté dans le dénûment un cultivateur encore débile ou trop peu exercé à la prévoyance, à l'épargne; pour le domaine où se serait par là diminué le produit, des formes plus limitatives furent commandées. Ailleurs, il fallut qu'on attachât fortement ce cultivateur au domaine et qu'on lui fît, d'avance peut-être, quelquefois malgré lui, ses chances, son avenir au moyen de certaines barrières civiles. Ce fut le cas des lieux où, comme ç'a été écrit à propos des colons qui ne pénétrèrent que la hache à la main dans les forêts profondes et obscures du Jura, « chaque con-« quête de la culture a été l'œuvre de la hardiesse « et de la patience [1] ».

Sans recourir à des déclamations contre une inhumanité ou une tyrannie qui, chez les propriétaires de terre, étaient incompatibles avec les services dont ils avaient besoin, il est explicable

---

1. Clerc, t. II, *Préface* et au delà : « Plus le pays fut stérile, plus la servitude a duré. »

ainsi qu'en recevant les droits civils, les serfs se soient trouvés placés dans des situations si contrastantes, quelquefois éloignées de celles qui sont l'attribut complet de la personne libre. On a là les raisons qui, entre la ferme du Nord et les mainmortes de l'Est, ont étagé dans le Centre les bourdelages, les locatairies perpétuelles, tous les métayages conditionnés; sur les bords du Rhin les colonages héréditaires; de même les associations à part de fruits du Midi et de l'Ouest, les uns et les autres premiers degrés du travail libre, premières conductions de culture pour les non-serfs.

CHAPITRE XI

DERNIER ÉTAT DU SERVAGE

Posséder les droits de famille, de propriété, de succession, autrement dit l'individualité juridique et économique tout entière, fut ambitionné par les serfs pendant plus d'un siècle. Plutôt que de s'en voir priver plus longtemps, ils rendirent le travail improductif. Rétablir les revenus territoriaux par l'affranchissement, qui accroissait les tributs de seigneurie, tenta presque partout les seigneurs. Le servage ne se rencontrait plus en conséquence qu'exceptionnellement, à l'époque de la première rédaction générale des Coutumes. Antérieurement même, dans des lieux où la communauté serve était le plus solidement constituée, on avait adopté les principes de cette communauté en indivision, qui assuraient en elle le droit individuel, presque l'entière personnalité civile. La Coutume de Berry portait depuis longtemps cet axiome de l'état social moderne : « Nul n'est commun ensemble qui ne veut[1] ». Au XVIe siècle, les domaines où le ser-

---

1. *Ancienne Coutume*, chap. XCIII, dans Lathaumassière.

vage peut être encore constaté sont ceux dans lesquels des circonstances particulières le feront durer jusqu'au xviiie. Dans les enquêtes ouvertes pour la rédaction des Coutumes, on considéra facilement comme libres toutes les conditions serves qui ne furent pas parfaitement justifiées. Le peu de validité et d'application qui restait alors au droit servile s'atteste par là : le servage acheva de les perdre dans ce grand travail de législation. Les tendances des populations dans ce sens furent favorisées par une partialité que les procès-verbaux rendent patente, dans la discussion des textes. De la part des agents royaux là même où la servitude avait maintenu ses principes avec le plus de rigueur[1]; de la part des corps judiciaires quand il y fut recouru, cette partialité ne laissa à la condition de personne serve qu'une existence restreinte. Quand il ne fut pas possible de la faire disparaître totalement, on en amoindrit les effets de telle sorte que ce qu'elle avait eu d'arbitraire ou d'excessif, toutes les exigences que ne justifiait pas une utilité palpable disparussent. Il en subsista seulement les conditions essentielles, la déshérence, la limitation du droit de donner ou de transmettre, le for-mariage.

En cela il ne faudrait pas se laisser abuser par les textes. Le dernier état de la législation coutu-

---

1. A Vitry par exemple. Voir Richebourg, t. III, p. 335.

mière reproduit le droit primitif du servage avec autant de précision que s'il devait encore régir un personnel considérable. C'est que des exceptions éparses suffirent pour qu'on laissât écrire, sous leur formule ancienne, ces règles, devenues des raretés. Un petit nombre, gardant plus ou moins des caractères du serf d'autrefois, maintint les termes qui correspondaient à ces caractères. C'est notamment dans les provinces de tradition burgonde qu'ils conservèrent le plus de rigueur, et, d'ailleurs, le plus d'empire. La Champagne (Troyes, Sens, Vitry); quelques coutumes locales de Berry; le Nivernais, le Bourbonnais, l'Auvergne (pays de Combrailles), la Marche, la Bourgogne ont en effet, après le XVIe siècle, connu encore ces *serfs de corps et de poursuite* dont Coquille peut alors donner la définition brutale. Formules qui impliqueraient des faits usuels, si l'on n'avait pas les meilleures raisons pour affirmer leur peu d'application. Leur mention n'implique point du tout une règle générale, elle n'a lieu qu'à raison de la tradition locale ou pour des utilités isolées. On constata les situations en chaque endroit et l'on fit de chacune la loi qui convenait. A cet égard, les Coutumes, produit du témoignage, manifestent les fluctuations, les contrastes, l'incertitude. Elles laissent de très grandes latitudes aux personnes que leurs définitions sembleraient condamner à la condition la plus étroite;

au contraire elles resserrent parfois les capacités de celles qu'on croirait voisines de la liberté. Par exemple, les serfs du Nivernais peuvent tester jusqu'à 60 sols, tandis qu'à Troyes, à Chaumont, à Vitry, à Châlons c'est de 5 sols seulement; à Saint-Séver tout testament leur est interdit. La coutume de Troyes seule paraît avoir visé à statuer par règle uniforme et elle n'y put réussir; les intérêts ne se mirent d'accord qu'en reconnaissant comme principe la variété des faits et des services, en déclarant que « l'on continuerait « d'user comme on avait usé précédemment [1] ». Mais si le principe de la liberté, pour toute personne, ne put prévaloir partout comme expression du droit, la chose en soi fut partout admise comme le fond même. Partout on est parti, semble-t-il, de cette donnée supérieure, qu'il n'y a plus de *serfs*, mais seulement des *hommes conditionnés*[2], autrement dit une limitation consensuelle du droit. La plupart des coutumiers qui règlent des situations incontestablement serves, proclament que sous eux toute personne est libre; ils dissimulent la qualité de serf sous ce *conditionné*, qui suppose la liberté comme état primordial inadmissible[3]. S'il restait encore place

---

1. Art. 5, *in fine*.
2. Dumoulin, sur *Paris*, chap. *De l'état des personnes*.
3. Entre autres, la Coutume du duché de Bourgogne, chap. IX, art. 1.

pour des situations non-libres, l'accès leur était ouvert à des débats judiciaires, et les dispositions publiques devaient rendre rarement ces débats préjudiciables aux serfs ; ou bien il était ouvert à des transactions auxquelles tout commandait qu'ils gagnassent.

Aussi, dans la législation coutumière du XVIe siècle, le servage ne perdit-il pas seulement ses proportions, mais, qui plus est, sa virtualité en quelque sorte. Erronée serait toute exposition de ses caractères et de ses attributs d'après les coutumes réformées. Il ne fut entendu, généralement, que comme une condition du sol. La mainmorte, sous ses degrés divers, put seule passer avec l'autorité et l'ensemble d'un état juridique. Le désir de conserver, sous l'apparence d'une forme obligatoire de travail ou de possession, ce qu'on aurait certainement perdu si on avait voulu le faire admettre comme état inhérent à la personne, se joignait aux intérêts qui avaient antérieurement dicté ce mode de tenure ; c'est pourquoi l'état de mainmortable fut accepté partout. Néanmoins, il se trouva des pays où l'on ne consentit pas à lui attribuer une parenté avec le servage ; la Coutume d'Auvergne, entre autres, repoussa les termes de serfs, de mainmortables, ne se servit que de celui d'*emphytéotes conditionnés* [1].

1. Chap. XXVII, art. 3.

Si les manières d'être du servage gardèrent ainsi, jusqu'à une époque récente, une partie de leur empire en France, dès la seconde moitié du XVe siècle date la perte de toute importance pour lui, en tant que condition d'une classe de personnes. D'une part l'esprit juridique, de l'autre le cours des besoins, firent poursuivre alors de réprobation ce qui subsista de la servitude personnelle. Les juristes ne cessèrent d'en appeler la destruction, les décisions judiciaires de la prononcer. Les États généraux successivement demandèrent que cette condition cessât d'exister. Dans aucun des domaines de l'état social les personnes ne furent plus catégorisées en *libres* et en *serfs*. Dans le domaine des labeurs matériels en particulier, il n'y eut plus que des libres, des *couchants et levants*. Ce sont les « vilains ». Leurs engagements individuels permettent de distinguer entre eux des états différents, de définir en eux des espèces; mais la qualité d'individus juridiquement libres est désormais d'essence et imperdable, chez toute personne en France.

Ce qu'avaient été les *vilains* en tant que contemporains des *serfs*, ce qu'ils étaient devenus quand la condition servile se confondit dans la leur, nous avons maintenant à l'exposer

LES VILAINS

CHAPITRE XII

DÉFINITION ET ORIGINE DU VILAIN

Dans la hiérarchie sociale du moyen âge, les serfs sont les serviteurs de la seigneurie telle qu'il vient d'en être question. Les *Vilains* sont ses sujets, donc ses contribuables; en eux, on a le personnel des libres *non-gentishons*.

Tant que la seigneurie n'est que domaniale, elle n'a besoin que de services domestiques : elle les trouve chez les serfs. Dès qu'elle se donne, s'arroge ou reçoit un rôle de pouvoir public, c'est qu'il existe un monde en dehors de son intérêt immédiat, un monde ayant ses intérêts à lui, pour qui elle est un gouvernement et qu'elle doit couvrir. C'est par-dessus tout le nombre et la consistance de ce monde de *sujets* qui font son importance, il lui faut donc les ressources des gouvernements. Elle tire ses ressources de la population sujette; c'est là que, sous son autorité, réside la vie active.

De quelque origine que la seigneurie provienne, le seigneur possède le privilège d'imposer à cette fin cette population. Y échappent seuls les *gentishons*, ses semblables. Ce privilège a persisté jusqu'à la fin, tantôt augmenté, tantôt contenu ou réduit; il n'a cessé qu'avec la seigneurie elle-même. Entre les personnages absolument libres au point de vue juridique, c'est essentiellement d'y être soumis qui distingua les *vilains* des *gentishommes*.

Le personnel des libres imposables se rencontre, dans l'histoire, très antérieurement à l'époque où il forma la classe des *vilains*. On ne voudrait pas dire que les *bagaudes* de l'Empire n'en fussent point; de même les *lides*, qui semblent des sortes de vassaux (conséquemment des libres) avant la féodalité. Mais les *inquilini incolentes aliena* des textes carolingiens; les « hommes « libres ayant quatre manses en propre ou en béné- « fice », que Charlemagne oblige à suivre soit le comte soit leur seigneur à la guerre[1]; les possesseurs et cultivateurs qui supportent les excès des *judices* dont Hincmar dénonce la violence au roi Louis de Germanie, dans sa lettre au nom des évêques de Reims et de Rouen[2]; les *rustici*

---

1. Capitulaires de 803 à 812.
2. An 858 : Baluze, II, p. 115.

du *Cartulaire du Saint-Sépulcre* et des *Assises*[1] étaient de la classe vilaine, d'autres encore qu'on ne saurait guère dénombrer : du reste il n'y a pas d'intérêt à le faire. Les termes d'*agricolæ, ruricolæ, consuetudinarii, rurales et innobiles personæ, justiciabiles* désignent ces personnes dans les documents du XIIe siècle[2]; toute la partie inférieure des habitants des villes ou bourgs, les *oppidani*, les *burgenses* qui ne faisaient pas partie des métiers y comptaient également.

Des individus ayant toujours appartenu à la vie rurale sans dépendance personnelle, soit petits propriétaires qui ont pu garder leurs biens libres (*alleux*), comme ceux dont le *Manuscrit de Wolfenbüttel* atteste encore l'existence dans l'Ouest en 1273, soit propriétaires appauvris contraints de se faire locataires d'héritages; des affranchis de différents degrés; des enfants d'affranchis ou de femmes non-serves; des étrangers; des serfs fugitifs constitués *hôtes* des seigneuries, voilà de quelles sources multiples la classe de ces libres était venue et continua de provenir. Il est possible qu'à l'origine elle fût en moindre nombre que celle des asservis; cependant, de l'intérêt

---

1. Actes de 1182 et 1186 : «... *Hominibus et mulieribus reitabilibus.* »

2. Voici un texte des *Olim* (t. I, p. 740, IV.) qui désigne parfaitement des agriculteurs vilains : « *Rustici manentes apud Apouville et tenentes ibidem ab abbate S. Victoris et ejus justiciabiles emerunt aliquid de feodis... ab ipso abbate, et ibi cubant et levant...* »

attaché aux bénéfices que sa *taillabilité* procurait, de la multiplicité des plaintes, des édits, des décisions auxquelles les excès commis dans la perception de ces bénéfices donnaient naissance, il y a lieu d'induire qu'elle tenait une assez grande place aux xiie et xiiie siècles. A lire Beaumanoir, il semblerait que le servage fût l'exception, et le *vilainage*, les *libres non-gentishons* le fond général. Cette classe de personnes abondait du moins assez pour que les contrats qui naissent du travail pleinement libre des terres, tous les rapports civils que l'économie sociale comporte entre personnes ayant l'entière possession de soi fussent non seulement connus, mais aussi appelassent un examen fréquent, des solutions de détail multiples.

De ce que le vilain est le sujet de la seigneurie, sa position se complique. Sa sujétion, en effet, au lieu d'être l'attribut de la puissance publique, appartient à des puissances privées. Complication plus grande lorsqu'en outre des droits issus de cette sujétion native, en outre des dîmes payées à l'Église depuis Charlemagne, le pouvoir royal reconstitué lui fait porter le poids de ses tailles, de ses aides, de ses corvées, etc. Pourtant, la dîme et l'impôt public tiennent un rôle on pourrait dire secondaire. L'une et l'autre, en effet, ont relativement un certain degré de fixité, de proportionnalité ou de justice. Ces considérations, au contraire, étaient peu respectées par la seigneurie, sinon inusitées souvent. Aussi est-ce la manière dont était composée et réglée la sujétion, qui donne aux vilains une situation et une histoire juridique et économique en tant que classe. Leurs rapports avec la seigneurie, voilà ce qui, bien autrement que toute infériorité de rang et tout intérêt politique, leur a fait les vicissitudes et les passions d'une existence propre. Quels furent ces rapports ; qu'était-ce que le vilain en tant que personne agissante ; quelles conditions, quels modes, quelles données générales présidèrent au développement de ses intérêts de famille et de possession ? Préliminaires à éclairer d'abord, pour prendre l'idée de l'histoire de la classe vilaine et pour en apprécier les faits.

La seigneurie eut du fait de sa nature, ou bien elle retint de son origine politique (selon l'opinion que l'on adopte sur ses commencements) le domicile comme preuve de l'assujettissement ; elle eut, comme occasion de ses prélèvements et comme moyen de les répartir, les manifestations de l'activité ou de la fortune quelles qu'elles fussent. Du titre essentiellement absolu de sa puissance, elle prit l'arbitraire comme loi naturelle. La dénomination d'*homme de puissance* donnée au vilain résume tout cela. En tant que « *hons de poëste* » du seigneur sous la « puissance » ou « juridiction » (*juridictio, justitia, poëste*) duquel il se trouva domicilié (*manant, couchant et levant*), il fut de plein droit contribuable aux redevances diverses et multipliées que la seigneurie s'est réservée. *Vilanus*, c'est-à-dire habitant des *villæ*; *censitus*, autrement dit censitaire, censuel, inscrit ou recensé aux rôles de la seigneurie; sujet en justice, hoste, estagier, coutumier, homme roturier : sous ces désignations, sous d'autres encore qui lui furent données soit au commencement soit dans le cours de sa longue carrière, le vilain a porté, en tant que libre non-gentilhomme, conséquemment sujet imposable d'un seigneur par cela seul qu'habitant, le poids de redevances éminemment privées. Elles n'avaient pour raison d'être ni les liens de travailleur à propriétaire ni ceux de citoyen avec l'État, elles ont existé là même où ni l'un ni l'autre de ces liens ne se trouvaient. Soit dérivées originairement des exigences du pouvoir public soit nées d'elles-mêmes, elles sont restées ajoutées à ces exigences comme devoirs de la personne ou de la possession, quand ce pouvoir parvint de nouveau à relever ses droits à lui.

Les doctrines juridiques, sous saint Louis, tenaient encore la seigneurie pour pleinement absolue en tant que propriétaire de ces redevances. C'est ce que signifie ce texte souvent cité de Pierre de Fontaine[1] : « Entre toi et ton vilain,

---

1. *Conseil à son ami*, chap. XXI.

« il n'y a d'autre juge fors Diex, tant qu'il est tes
« couchans et tes levans, s'il n'a d'autre loy vers
« toy fors la commune. » Et ce principe restait
inattaquable. Les juristes n'essaient pas de lui
opposer ouvertement le principe de liberté, qu'au
même moment ils introduisaient dans le droit
servile avec tant de hardiesse et de succès. Ils sont
réduits à un rappel des préceptes moraux, à faire
peser sur la conscience du seigneur la conscience
publique, qui réprouverait que la seigneurie traitât comme des serfs des personnes civilement
libres. Tel est encore le sens de ce passage tout
aussi connu : « Sache bien que selon Diex, tu
« n'as mie pleine poëste sur ton vilain. Donc se
« tu prens du sien fors les droictes redevances ki
« te doit, tu le prens contre Diex, et sur le péril
« de t'âme et comme robières. Et ce kon dict de
« toutes les cozes que vilain a sont son seigneur,
« c'est voire à garder : car s'ils étoient son sei-
« gneur propre, ils n'averoit nulle différence
« quant à ceu entre serf et vilain [1]. » Voilà le droit,
la loi commune des rapports du vilain avec le
seigneur : il n'y a de dérogations que celles
venues de cette « *autre loi* » dont parle Pierre de
Fontaine.

Cette autre loi, c'est, à part toute convention
qu'ont pu faire ensemble le seigneur et le vilain,

1. *Ibid.*, chap. XXXI.

la loi du fief. Association toute mutuelle, l'association féodale vient interposer sa garantie dans les effets de la sujétion. Non qu'elle les annule ou les contredise, mais elle les contient. A quelque rang que soit le vilain dans la hiérarchie du fief, vassal devant hommage pur et simple ou preneur de censive, « home ou oste » suivant l'expression de Beaumanoir, son supérieur féodal doit le faire jouir avec sécurité, paisiblement, utilement de sa situation; il doit réparer le tort qu'on lui a fait ou en obtenir réparation ; l'*appel pour défaute de droit*, dont les principes et les cas sont si énergiquement précisés dans les doctrines et les décisions juridiques au XIIIe siècle, assure l'exécution de cette loi du fief[1]. Donc, qu'il fût vassal du seigneur de poëste, du justicier sous lequel il couchait et levait, qu'il fût du fief d'un autre, le vilain trouvait dans les liens féodaux une protection contre les abus de son tout puissant seigneur ; il n'y a qu'à ouvrir un des grands recueils de titres qui intéressent les possessions abbatiales, pour voir que cette protection était réelle. Mais placé hors de ces engagements, simple preneur de terre à bail ou propriétaire du tènement qu'il cultivait, en France comme hors de France, il fut, de droit commun, soumis à l'arbitraire seigneurial tant que les institutions

---

[1]. Voir Beaumanoir, chap. LXII, n°s 2, 5, 10; chap. X, n° 2.

publiques n'en eurent pas limité l'action[1]. Or, il y eut un nombre considérable de ces personnes placées de cette manière hors du fief et du servage. Le fief, tant qu'il fut distinct de la seigneurie, abrita certainement la majeure partie des vilains. La législation communale transporta à la population des villes et bourgs affranchis le bénéfice d'une protection semblable, lors même que cette législation consista en de simples règlements de *coutume*; telles furent les localités multiples que Beaumanoir appelle « villes batéies ». Pierre de Fontaine n'aurait pas par simple théorie fait la distinction de ceux qui suivent la « commune loi » d'avec ceux qui sont régis par une loi différente, si cette distinction n'avait pas répondu à la réalité.

[1]. Pour l'Angleterre notamment, on peut voir l'intéressante notice *On the political condition of the english peasantry during the middle age*. Bien avant que les rapports créés par le régime seignorial et par la féodalité fussent exactement appréciés des érudits, l'auteur, Th. Wright, les avait entrevus, sans doute parce que la constitution de la seigneurie fut plus simple en Angleterre qu'en France. Th. Wright tend toutefois plus que de raison à regarder l'arbitraire seigneurial comme le résultat d'un déni de justice de la part du seigneur; il n'a pas vu que l'arbitraire était la loi fondamentale de l'état seigneurial.

CHAPITRE XIII

LE FISC SEIGNEURIAL

Il n'y a guère d'utilité et l'on ne possède pas les moyens de dresser une nomenclature des redevances seigneuriales. Boncerf, la veille de 1789, en comptait trois cents différentes [1]. Quoiqu'elles se soient subdivisées avec le développement des besoins, avec la multiplication des intérêts, on en trouverait presque autant dans le moyen âge si l'on relevait toutes celles que les documents désignent. C'est leur fondement et leur nature qui importent, non leur dénomination ni leur nombre. Le droit d'asseoir un prélèvement sur tout produit et toute manifestation de l'œuvre individuelle, sans autre mesure que la volonté du seigneur, en était le principe; jouir de ce droit sous la forme qui s'accommodât le mieux aux nécessités plus ou moins légitimes, plus ou moins changeantes de la vie seigneuriale en fut la règle organique. L'application de cette règle consista à atteindre par des redevances, le plus

---

1. *De l'inconvénient des droits féodaux*, p. 46, à la note.

largement possible et sous le mode le plus sûr, tout résultat du travail, tout emploi de l'activité, tout usage même des forces de la nature.

A cette fin, les redevances affectèrent les personnes de services corporels, la jouissance des choses publiques de perceptions multiples, la possession territoriale de tributs, l'exercice de la propriété de restrictions devant être rachetées. Toutes les amendes pénales de droit commun y furent aussi comprises, et la seigneurie en ajouta d'autres pour assurer l'exécution de ses *bans* ou commandements, ou bien l'acquittement des obligations qui lui étaient dues. Services manuels et services de bêtes; impôts en nature et en numéraire; fourniture d'ustensiles, d'objets spéciaux, de denrées exceptionnelles, c'est par ces multiples moyens que le seigneur utilisa son titre et fit payer ses droits. Les *corvées*, les *droits de gite* et de *past*, le service militaire, etc.; les *herbage, panage, pacage, blairie, champart*, etc.; les *péages*, les *droits de halle*, les *fouages*, etc.; l'interminable série des *banalités* : pêche, chasse, moulin, four, récolte, emprunt, etc., présentent les catégories principales.

Du reste, ces catégories, et en chacune chaque espèce d'obligation, se multipliaient à mesure que le cours des choses y prêtait et que, par l'accroissement d'activité des sujets, d'autres prélèvements étaient rendus possibles. A cela pourvoyait un fisc aussi adroit ou impérieux que le commandait son intérêt ou son avidité. C'est en tant que matière susceptible ainsi d'une continuelle extension, qu'il faut envisager les prélèvements seigneuriaux pour apprécier les conséquences qu'ils eurent sur la condition des classes vilaines. Leur assiette et leur jouissance furent deux choses très distantes l'une de l'autre. Celle-ci en forme de beaucoup le côté important; à vrai dire, c'est le véritable. Ce ne fut pas de se substituer au fisc des rois francs ou germains comme créancier des divers tributs publics, et comme maître des moyens subtils que ce fisc avait hérités du fisc romain pour prendre une part de tout produit et tirer redevance à raison de tout emploi de l'activité personnelle, ce ne fut pas cela qui fit à la seigneurie des rapports si contestés à cause de leur action sur le sort de ses sujets. Là eut son domaine et s'appliqua dans toute sa latitude cette puissance, définie par les juristes comme « n'ayant de juge que Dieu et de limite que la conscience », et là l'abus devint règle. Outrer les redevances, en consacrer par l'usage l'accroissement anormal, puis établir le droit sur l'usage de façon qu'au bout d'un temps l'abusif ne pût être distingué du principal, ce fut la pratique et il semble la loi de la seigneurie.

L'espoir d'opérer cette distinction a dicté des dissertations sans nombre, motivé des discussions continuelles; on n'aurait qu'une notion erronée de ce que pèsent aux vilains les redevances seigneuriales, si par la pensée, dans chacune des contributions qu'ils durent, on ne mettait l'abus à côté du droit. Les textes par leurs énonciations, quelque peu précises qu'elles soient, légitiment et conséquemment prescrivent cette précaution. Il y a peu d'entre eux où le seigneur n'avoue l'abus, dans la crainte d'en perdre le bénéfice. La plupart achèvent leurs énumérations par cette formule, passée de style de très bonne heure : « tout ce que j'ai ou dois avoir, *quiquid habeo aut habere debeo...* » Un grand nombre, très explicites, ne font point difficulté de réserver l'excès comme un accessoire naturel; « ... et toutes autres exactions justes ou injustes » se lit fréquemment[1]. On ne parcourt guère de chartes communales, de transactions sur coutume, de donations aux églises ou de testaments, qui n'attestent expressément ce droit d'abus ou qui ne témoignent de sa pratique habituelle. La nature arbitraire et absolue du pouvoir seigneurial le comportait de droit. Comment, à défaut de ce

---

1. « ...*Ab omnibus toltis, collectis, complentis, servatis, angariis, parangariis, et aliis quibuscunque indebitis aut injustis exactionibus, extorcionibus liberamus.* » Acte du 7 août 1363, portant anoblissement d'un vilain de la Baronnie de Sassenage (Salvaing, *Usage des fiefs*, t. I, p. 235). En 1200, la comtesse de Champagne promet de ne plus rien extorquer à ses *hommes* par violence : « *Nec aliquid amplius ab eis extorquebo* » (Brussel, *ubi supra*, p. 571).

moyen et si l'on n'en eût pas usé, si, par l'usage, il ne fût devenu règle, la seigneurie aurait-elle pu assurer la persistance de ses revenus au taux que demandait le courant des choses, si elle n'avait pas suivi le vilain dans ses progrès de fortune et proportionné ses prélèvements à ce progrès? C'est pourquoi tout don volontaire, tout service consenti, toute prestation obtenue ou imposée une seule fois restèrent habituels, ne firent qu'un avec le droit primitif, formèrent ensemble le point de départ de nouvelles tentatives pour y ajouter encore. L'histoire intérieure de la France, du XIIe au XVIe siècle, est en grande partie dans la continuité des efforts du seigneur pour étendre les redevances, et dans l'opposition des vilains pour les contenir ou les limiter. Le mouvement communal et, pour portion, le travail de révision des coutumes, n'eurent pas d'autre source.

L'existence et l'étendue de l'abus s'expliquent d'ailleurs. Le fisc seigneurial ayant morcelé son titre à l'infini par des partages ou des aliénations, ayant distribué ses perceptions à une légion de fonctionnaires[1], avait accru son avidité native en raison, d'abord, de ce que chacun de ses ayant-cause comme de ses agents participait de son esprit exacteur. D'autre part les seigneurs, en se

---

1. « *Effrenata multido servientium* » (*Olim*, t. II, p. 272).

plaçant toujours plus loin du théâtre des labeurs et des vicissitudes de leurs vilains, avaient perdu davantage et perdaient de plus en plus le sentiment de l'équité, celui même du pur intérêt économique. Pour ne parler que des agents de perception, de ces *servientes* de tout rang, de ces détenteurs des *meneurs* offices, presque tous les documents sur lesquels repose l'histoire locale ont pour occasion les excès, les plaintes ou les tumultes dont ils étaient les auteurs ou la cause. Ce sont leurs abus que la Noblesse, et l'Eglise en tant que revêtue des privilèges nobles, ont cruellement expiés à la fin du dernier siècle.

Au reste, l'érudition ne trouve nulle part autant de redites qu'en ce qui a trait à l'exaction seigneuriale. On a cité souvent les sombres tableaux qu'en fait la *Chronique du Prieur du Vigeois*[1] et ceux que trace si éloquemment la *Lettre de Pierre de Versailles à Jean Jouvenel*[2] ; reproductions malheureusement trop légitimées du texte célèbre de Salvien. Les capitulaires de 801 et 854, tous les préambules des chartes communales et coutumières, le *Roman de Rou*, les *Doléances des vilains de Verson* dont M. Delisle a édité le texte dans les notes de son histoire des

---

1. Dans D. Bouquet, t. II, p. 450.
2. Dans le *Thesaurus anecd.*, t. I, col. 1730. — Voir aussi *Nova Gall. Christ.*, t. XII, *Preuves*, p. 65 ; *Ampliss. collect.*, t. I, p. 652, etc.

cultivateurs et du sol normands, des textes nombreux aux *Olim*, au *Polyptique d'Irminon*[1], au *Cartulaire de Saint-Père*[2] surabondent de preuves ou d'indications, pour les temps antérieurs au XIIIᵉ siècle comme pour ce siècle et le suivant. En rien il n'y a de témoignages plus constants de maux aussi répétés. Jusque dans l'époque moderne on reprochera à la seigneurie, et elle se reprochera à elle-même presque dans les mêmes termes, la dépopulation des villes et des campagnes, la ruine des possessions, elle suscitera les protestations et les révoltes. Depuis le moment où elle se forma jusqu'à la date récente où elle a disparu avec les derniers vestiges du régime social qu'elle avait inauguré, ses droits ont été plus ou moins altérés dans leur mode ou leur importance; mais ils ont changé de mains ou d'emploi sans s'effacer. Portant sur les personnes ou portant sur le sol, objet de conventions innombrables, de divisions et de subdivisions continuelles, plus ou moins arbitraires, plus ou moins différemment contestables et contestées, ils ont subsisté en vertu du même principe, sous les mêmes noms, à raison des mêmes lois. Aussi, ont-ils occupé des mêmes répressions les édits des Carolingiens, les Ordonnances des Valois,

---

1. Page 380, notamment, un acte de 1180.
2. *Introduction*, p. 37, § 6.

les Grands Jours de Louis XIV ; aussi, ont-ils motivé les mêmes débats au sein du parlement de saint Louis, dans les cours judiciaires ou parmi les feudistes du dernier siècle. Tant qu'ils durèrent à un degré quelconque, ils ne furent pas un jour sans produire des effets semblables et sans exciter les mêmes plaintes, les mêmes procès, les mêmes soulèvements dans toutes les provinces de France[1].

Ce sommaire exposé des rapports de la seigneurie avec le vilain, explique que le vilainage ait été pris souvent pour la condition serve, et plus d'une fois confondu avec elle jusqu'à une époque peu ancienne. Sous la dénomination générale de *serfs*, les travaux historiques antérieurs aux découvertes modernes de l'érudition entendent communément tout le personnel soumis à la seigneurie féodale. Et effectivement, si l'on ne faisait pas acception de la différence radicale mise entre les deux états de serf et de vilain par l'absence ou la possession de la personnalité civile, si l'on oubliait un moment qu'en principe le serf était un instrument auquel la tolérance ou le progrès des choses avait attribué certains seulement des droits de l'homme libre, on ne trouve-

---

[1]. On peut voir dans Joinville comment, pendant qu'il était aux Croisades, ses possessions mêmes avaient été victimes des abus de ses agents. — Cf. Championnière, *Cours d'eau*, pp. 882, 508, 514 et *passim*. — *Olim*, t. I, p. 21, n° 20.

rait guère de raisons pour distinguer l'un de l'autre. En voyant comme asservi de fait le vilain, homme libre lui dans toute la force juridique du mot, en voyant les redevances assises sur les résultats de l'activité respective du vilain et du serf, après tout si peu dissemblables, on les confondrait naturellement.

On serait surtout autorisé dans cette confusion à partir du XIVe siècle. Il n'y a plus guère alors de différence bien apparente entre ce qui est exigé du serf et ce qu'on impose au vilain. Par suite des conquêtes civiles que le servage a faites, ou bien parce que les deux seigneuries domaniale et fiscale sont entrées l'une dans l'autre, elles se sont à peu près partout emprunté leurs attributs utiles et ont mêlé les prestations vilaines aux services des serfs. Mais la similitude n'est qu'extérieure. Jusqu'à la fin, le serf dut de certaines garanties à sa condition passive, à son irresponsabilité. Il dut à ces garanties le désir de s'élever à l'état de libre, il leur dut aussi des moyens de le faire. Placé sous l'unique dépendance de la propriété, il fut toujours abrité par la nécessité imposée à celle-ci de protéger, de ménager son instrument de revenu. L'exaction, en ce qui le concernait, les exigences outrées devant amener la diminution du produit, il devint vite évident qu'à plus de liberté, autrement dit à de meilleurs rapports économiques, correspondraient plus d'énergie et plus de fruits. Son travail, trouvant plus de respect, lui rendit progressivement aisé l'exhaussement de sa condition. Le vilain, au contraire, astreint à des prélèvements sans cesse accrus, sujet d'un fisc qui, toujours plus intéressé, reconnut à l'extrême limite seulement, au delà même de cette limite, l'utilité de borner ses exigences, de respecter dans les avantages réalisés déjà la source même de ses *cens*, le vilain eut une situation et des devoirs bien autrement difficiles, en conséquence un bien autre mérite en améliorant son état.

Le contraste entre les serfs et les vilains reste par là bien marqué. A ne point le voir, on apprécierait très inexactement, d'une part les rapports entre l'œuvre rurale et ses personnes au moyen âge, d'autre part les conditions de la vie dans l'état social d'alors. Manière d'être, activité, efforts, résultats, stimulants, ces éléments essentiels des choses changent selon que l'on a affaire à l'une ou à l'autre des deux situations *serve* ou *vilaine*.

CHAPITRE XIV

L'EXACTION, SA MESURE, SA LIMITATION, LES COMMUNES

Dans la Gaule impériale, les charges du contribuable avaient, sous la forme d'impôt public, détruit la classe moyenne, éteint la production, dissous l'état social. On a vu que devenues propriétés privées dans la seigneurie, elles sont tout aussi abusives et se multiplient ou s'accroissent à fur et mesure du temps. Dès le XIIIe siècle, elles sont compliquées de celles qu'impose le fisc royal et des abus de celui-ci à son tour. C'est sur la classe des vilains que tout cela pèse. Cette classe, cependant, persiste, s'étend, s'exhausse, trouve à progresser. Quoique ainsi grevée, elle fait assister à un développement indéniable. Elle y met le temps, mais n'aurait-on pas tort de méconnaître que, relativement à l'organisme antérieur, l'organisme social et politique qu'a été le régime de la seigneurie et de la féodalité eût une supériorité sur le précédent?

A s'en fier au témoignage des textes, à plus d'une relation aussi transmise par l'histoire, il semble que sous ce régime l'activité de produire aurait dû cesser. Si ce n'est pas tout à fait l'opposé, il est certain que la vie sociale reprend, au contraire, qu'elle se développe, qu'elle s'augmente. Il y a beaucoup de peine et de traverses; elles sont jalonnées de révoltes dont d'authentiques et abondants documents autorisent à imputer la cause aux excessivetés de la seigneurie; on comprend que la lenteur n'a pas été un facteur minime et qu'il aurait, peut-être, suffi d'un siècle de justice et de paix pour qu'elles fussent plus étendues et plus complètes qu'on ne les trouve plusieurs fois cent ans après. Quoi qu'il en soit, des fortunes aussi malheureuses que celles dont le tableau est fréquent parmi les matériaux de l'histoire auraient vaincu la patience et le courage, si elles s'étaient produites autant qu'il paraît, et si ç'avait été le fait uniforme. Évidemment ce qui a été écrit fut cas particulier, non généralité des choses. L'équité dut exister souvent dans les rapports de la seigneurie avec ses sujets contribuables. On dut voir des périodes et beaucoup de lieux où ces sujets trouvèrent un sort normal, où la production, les entreprises, l'accumulation des gains, celle de la consistance personnelle par suite, furent moins impossibles qu'on ne le dirait. Les moments réguliers, en effet, n'ont jamais, tout au moins, que rarement, donné lieu d'écrire à leur propos, tandis que les autres y ont porté toujours, souvent y ont obligé.

En conséquence, il faut donner l'assurance que toute l'histoire de l'état seigneurial n'est pas dans les documents en question, ni l'histoire de toutes les seigneuries. L'état social, autrement, n'aurait pas continué d'exister et de grandir. Reste toutefois que l'occasion d'écrire des temoignages pareils se renouvela assez, pour que leurs dires représentent les *vilains* comme plutôt aux prises avec les procédés de la seigneurie que vivant sous elle à l'état normal. L'on a presque pu penser avoir retracé le cours des faits qui les concernent, en détaillant les circonstances de cette lutte qui ne fut pas semblable partout dans ses modes et dans ses conséquences.

La lutte est du reste attestée par la multitude des transactions fixant chaque point acquis, de telle sorte qu'il devienne stable et soit le point de départ d'acquisitions ultérieures. Dès le XIIe siècle, ces transactions abondent, ramenant les redevances à une proportion sortable. Elles se produisent sur des points très distants entre eux, mais on la trouve partout. Pendant un siècle et demi de suite, de proche en proche jusque hors de France, il y a un mouvement général pour préciser la « *coûtume* » et la limiter ; avec le seigneur s'il le veut, contre lui et malgré lui plus d'une fois ; la « coûtume », à savoir ce qui sera désormais à payer ou à faire suivant l'usage ancien modifié par les convenances actuelles. On fixe les occasions, les objets, le taux, la quotité certaine, en un mot on sort du droit absolu et arbitraire de la seigneurie. Trois siècles plus tard, l'état social sera devenu majeur; la « coûtume » ne résidera plus dans la redevance, mais bien dans la loi civile même. Celle-ci sera devenue la source supérieure, n'admettant d'obligations qu'en tant que résultat d'un contrat supposé. Jusque là, toutefois, ce sont les choses des premiers temps, qui se précisent à nouveau entre la seigneurie et ses sujets; il n'y a rien de plus.

Dans ce mouvement de transactions, les historiens de ce siècle-ci ont célébré un caractère politique sous la dénomination d' « Affranchissement des communes ». Ce caractère-là n'a été qu'accidentel et le moins fréquent. L'objet de fond, le vrai but, c'est ce qui exista sans que la politique y eût part, c'est la tractation sur la chose due, la tractation réglant, à sa date et dorénavant, les droits et les redevances. Une conséquence politique en est ultérieurement provenue; mais de même que cela n'eut de rapport avec l'affranchissement du servage qu'autant que des stipulations de cette sorte y sont formelles, la revendication de liberté politique que l'on s'est plu à y glorifier n'importa nullement. Elle fut propre à quelques cités, pas du tout aux villages, aux hameaux, aux *mas* ruraux qui reçurent alors ou obtinrent leur charte. Dans le nombre de ces chartes, le moindre seulement s'occupe de libérer la vie civile, de faire disparaître la mainmorte ou le fors-mariage, c'est aussi par exception qu'elles portent institution d'une véritable autorité communale, et qu'en proviennent des droits ayant quelque chose de politique. Elles reconnaissent un « consulat », des « prud'hommes », un pouvoir représentant l'ensemble des habitants vis-à-vis du seigneur, administrant les biens collectifs s'il y en a, percevant et acquittant les redevances vilaines ; mais on avise à la création de cette autorité comme garantie des fixations obtenues, aucunement pour l'exercice de la vie politique. Somme toute, codifications pures et simples de la nature des perceptions, de leur montant, de leur lieu, de leur mode, des litiges et des amendes à naître d'elles.

Ces actes ayant tous la même fin, leur rédaction est uniforme. On dirait la même pièce, sous les seuls changements de quantité, de mesure, d'objets nécessités par des différences locales. Quand elles portent abolition du servage, on y voit d'abord la renonciation aux effets à en attendre, par suite l'octroi des facultés d'hériter et de transmettre. Après quoi, viennent, d'ordinaire, la spécification des redevances qui tiendront lieu de ces effets, les obligations de police rurale lorsqu'il s'agit de vilains des campagnes, en général la concession de pâturages, de jouissances usagères. Viennent ensuite, dans toutes, la nomenclature et le *quantum* des prélèvements, des services, des amendes; en dernier lieu, les échéances prises ou accordées pour le paiement de la somme stipulée par le seigneur comme prix de ses sacrifices.

Il est toujours malaisé de reconnaître qui fut contraint et qui perdit, en tout cela, à moins de tenir pour principe que le vilain n'y gagna et n'y chercha autre chose sinon le règlement et la fixité de ses tributs, ce qui fut d'ailleurs rarement contredit. Du moins une intention est explicite, celle de mettre fin aux excès de perception engendrés par le vague ou l'arbitraire du titre seigneurial. L'enquête sur les usages anciens, sur les quotités accoutumées sert de préliminaires à la plupart; elle ne fixerait pas l'esprit, par cela même, sur les causes, le but, le caractère de ces actes, que l'on en trouverait l'irrécusable indication dans l'opinion exprimée à leur sujet par les chroniqueurs dont elles froissaient les idées ou l'intérêt. Ce n'est aucunement la conquête de la vie politique ou celle du droit civil par les *vilains*, mais bien la perte de la faculté illimitée d'imposer, qui arrache à Guibert de Nogent, contre la *Commune*, ses invectives si connues. *Commune*, mot pour lui détestable, « *pessimum nomen* », parce que ce mot constate que les prélèvements ou les exigences seigneuriales ont reçu une limite : « *ut capite*

« *censi omnen solitum servitutis debitum semel*
« *in anno solvant,* » nullement parce qu'il doit
en résulter que le droit politique ou la liberté
personnelle appartiendront pour une part quelconque aux sujets soumis à cette capitation.

De règle générale, en effet, la *Commune* ne fut
que l'association des vilains d'une ou de plusieurs localités en vue de restreindre et de fixer
les droits seigneuriaux, en vue aussi d'introduire
la mutualité dans leurs charges. La formation de
cet être collectif fut d'autant plus recherchée qu'il
pouvait mieux protéger l'individu. Il devint en
effet si fort, quelquefois, qu'il se substitua au
seigneur pour l'exercice de beaucoup de droits.
C'est à ce titre que l'on voit, par exemple, des
communes avoir des serfs, ou, sur de certains
domaines, jouir des droits que donnait le servage[1]. Aussi cette seigneurie des communes
périt-elle après une certaine durée. Les mêmes
perceptions abusives reprochées auparavant à
l'autre leur étant devenues usuelles, la royauté
trouva en cela le prétexte de les détruire[2].

Quand le moine de Nogent écrivait, non-seulement les *vilains* faisaient violence à la fiscalité des

---

1. Voir aux *Olim*, t. III, p. 275, la preuve pour la commune de Brière en 1301 ; pour celle de Bray, l'art. 10 de sa charte, p. 296; pour Soissons, l'art. 20 de la sienne; *ibid.*, p. 221.

2. Cf. Championnière, p. 506; Beugnot, *Municipalités rurales; Olim*, arrêts de 1265 contre Beauvais et Verneuil, t. I, p. 562 et 669.

seigneurs dans les villes, où leur nombre et plus d'activité industrielle ou commerciale les mettait à même de s'enrichir et de s'enhardir; cela avait lieu aussi dans les bourgs ruraux. Soit les armes à la main soit en menaçant de leur révolte ou de leur désertion, les vilains des campagnes arrachaient ces règlements de coutume. Détermination très précieuse pour les uns, pour les autres très regrettée, d'un rapport fixe entre l'impôt seigneurial et les moyens des habitants, entre les fruits du travail et les prélèvements. Mais une fois que ce mouvement eut acquis un peu de généralité, la seigneurie parut destituée de raison d'être en tant que souverain ayant droit d'imposer. Son titre devint si contestable, en même temps les doctrines juridiques si influentes; les pouvoirs administratifs furent si autorisés, la hiérarchie sociale soumise à un examen si audacieux, les intérêts vilains si bien assis qu'il fut urgent, pour cette seigneurie, non-seulement de consentir à la fixation de ses droits, qui plus est de la provoquer.

C'est là un autre aspect du mouvement social qui changea les liens de la classe vilaine. Il se manifesta longtemps après la formation des communes politiques, et plus ou moins, on le voit, par des causes autres que celles dont s'étaient servies ces dernières. La seigneurie y trouvait d'abord l'utilité de rendre ses droits plus certains; d'où, plus productifs parce que fixés, ils laissaient plus de sûreté et d'entreprise à l'activité de ses sujets. Elle avait en outre celle de cacher, sous l'apparence de concessions débattues, son origine devenue mal justifiable; elle se faisait un titre qui se confondait avec celui du fief et s'y appuyait. Profitant ainsi de l'empressement des populations à reconnaître des dettes même excessives, elle conserva, sous la condition de leur fixité, des revenus considérables malgré l'effort déployé pour les amoindrir. Aussi la seigneurie poussa à ce changement; très souvent elle y contraignit ses vilains. Elle accroissait leur nombre en affranchissant par masse, bien des fois malgré eux, les *homes de cors* du domaine.

La confusion des deux éléments de la seigneurie, le fief et la justice, fut donc contemporaine de l'impulsion qui arrêta son arbitraire, si elle ne le détruisait point encore. Cette confusion s'opéra dès lors d'autant plus généralement. Un changement notable se produisit dans les conditions générales et dans les faits qui en dérivaient naturellement. Ceux qui imposaient et ceux qui se trouvaient imposés, le seigneur et les vilains, ne furent plus dans les mêmes relations qu'auparavant, ni le possesseur du fief et ses serfs. Les serfs et un grand nombre de libres, qui n'avaient eu avec la seigneurie, jusque là, que les rapports de tenure pure et simple, des liens de conduction agricole, furent soumis aux exigences de son fisc. D'autre part, si ce fisc put étendre ses perceptions sur une population plus nombreuse, ce fut une population dorénavant moins isolée et moins dépourvue des moyens de résister.

CHAPITRE XV

APRÈS LA FIXATION DES REDEVANCES

Notre temps, habitué au droit, certain d'en jouir, se figure malaisément l'ambition qui était ressentie, de voir déterminer d'une manière expresse, limiter par espèce et par quantité, les redevances à acquitter et les obligations de faire. Conquérir certaines garanties légales, être assuré que le règlement une fois convenu serait observé, que sinon bien positivement en fait, du moins en principe, la faculté arbitraire, illimitée d'imposer qu'avait le seigneur ferait place à des tributs fixes, à des devoirs précis et invariables, c'est à cela surtout qu'aspiraient les vilains ruraux. A la perspective de l'obtenir même à petite mesure, ils sacrifièrent l'espérance des résultats plus complets où visaient les vilains des cités. On y aurait peut-être atteint s'ils avaient agi ensemble. Sous leurs efforts communs, les officiers royaux et les nécessités politiques aidant, la seigneurie pouvait, en effet, être amoindrie très vite. Mais le personnel rural, plus éprouvé lui par l'exaction, était plus pressé qu'elle diminuât. Même pour une infime portion d'équité qui lui fût offerte, il abandonna le droit quand il y touchait presque. Le droit était une conquête abstraite qui, pour lui, n'avait pas de prix visible.

Le personnel du vilainage rural ne tint donc qu'à ce qu'il appréciait : il accepta tout ce qu'on lui offrit. Il légitima même l'abus dès qu'on le lui montra moindre ou prévu et précisé ; il consentit des tributs qui n'avaient jamais été perçus, des obligations jusqu'alors inusitées, des dettes sans fondement, pourvu qu'elles fussent spécifiées ou bornées. Peu soucieux ou peu conscient, d'ailleurs, des effets qu'il assurait par là au titre seigneurial. Il ignorait, après tout, et ne s'inquiétait pas que désormais toute rente, toute redevance, tout devoir personnel, toute perception répartie par feux, par domaine, par quantité de produit, des tributs qui ne supposaient nulle convention agricole, mais dérivant de la souveraineté de celui qui en était le créancier, prendraient le caractère inattaquable d'effets de bail. Tout cens reconnu constituerait à son titulaire le domaine direct sur le tènement redevable ; les droits accrus par abus, les tailles, les corvées, les services de guerre ou de château passeraient dorénavant, pour plusieurs siècles encore, comme des charges naturelles du fonds, comme une suite légale de la tenure. Prévisions trop lointaines, distinctions juridiques trop subtiles ; elles échappaient au vilainage agricole. Il supportait un fardeau d'autant plus lourd que la seule volonté du seigneur en marquait le poids; il avait une part du produit trop faible, souvent nulle; dans la possibilité de fixer l'un, il entrevit le moyen d'accroître l'autre. Aux sacrifices qu'il fit nous devons juger des espérances qu'il concevait, par conséquent des mauvaises conditions auxquelles il croyait se soustraire.

Nombre de documents rendent visibles cette situation et ces faits. Nombre d'ordonnances royales qui ont pour but de contenir la rapacité seigneuriale en font foi très explicitement, à côté de nombre de chartes; les juristes du XVIe siècle et ceux du XVIIe tiennent, dans toutes leurs solutions, ce vice originaire pour constant. En peu de textes ces caractères sont patents comme dans celui qui est coté sous le numéro 874 au *Cartulaire de Philippe-Auguste.* On voit là les prestations, les corvées, les redevances autres que le cens ordinaire, rachetées au prix de douze fois le montant de ce cens, 5 solidi tournois de rente annuelle, dus pour le tènement de cinq acres de terre avec ces prestations diverses, convertis en 60 solidi de rente annuelle et perpétuelle, prestations remises;
« *liberos immunes,* dit le texte, *ab omnibus costu-*
« *mis, precariis, corveis, pasnagiis reparagiis mor-*
« *tuorum et fossatorum; admenagiis merennorum et*
« *aliorum necessariorum ad herbergamentum domini*

« *faciendum seu reparandum, exactionibus indebitis ac biennis quibiscumque.....* ». Moyennant cela, le seigneur au profit duquel l'acte est consenti, ses héritiers, ses successeurs devront protéger le consentant, ses héritiers, ses successeurs dans toute la mesure du droit de fief : « *tanquam domini fcodi ab omnibus et contra omnes liberare, defendere et garantizare prout jus dictabit.* » Sous la même réserve, toutefois, la seigneurie, son commandement, sa pleine justice ne seront pas atteints par cette confusion des deux titres seigneuriaux : « *cohertione et justitia ommimoda* »; une partie de la banalité de moulin, les amendes judiciaires, les reliefs et d'autres attributs justiciers continueront d'avoir régulièrement leur effet.

Dans cet acte sont attestées, on le voit, la forme, les conditions, la portée des contrats qui limitèrent l'arbitraire seigneurial. Également la lourdeur des tributs et l'intérêt qu'il y avait à ce qu'ils fussent soit réglés soit convertis. Il présente en outre l'une des manières par lesquelles furent confondus la seigneurie et le fief. La foi naïve au labeur, le mépris téméraire des privations, qui ont fait au paysan français sa force vivace, la vaillante et patiente énergie que ne découragea jamais et que retint rarement le plus haut prix qui fût mis à la possession ou à la tenure du sol s'y montrent aussi. C'est écrit de même dans une multitude d'autres pièces, plus anciennes ou postérieures. Elles constatent toutes qu'à aucune époque nos populations, dès qu'elles purent mesurer la tâche, ne doutèrent pas d'y proportionner leur travail et leur endurance.

Le vilain entra ainsi dans ce qu'on appellerait avec quelque vérité la phase des applications judiciaires. Il eut dès lors une situation légale écrite, et aussi une situation défensable de par un droit positif. L'abus, s'il ne disparut pas, cessa du moins d'être licite. Eu égard à d'autres moments postérieurs, ce n'était pas une très grande conquête, mais plutôt un fait qui, pour restreindre les usages primitifs de la sujétion, ne les détruisait cependant pas. Qui plus est, un fait qui ne cessa guère d'être enfreint et contesté. Il ne se maintint pas sans des luttes fréquentes, il ne devint tout à fait solide et effectif que deux siècles après. Toutefois, relativement à l'état antérieur, un résultat se marque aussitôt, à savoir le développement des intérêts dans la population *vilaine*. Le développement aussi de cette population ; dès lors, s'opère universellement la recherche de la liberté civile par les serfs. Les archives des XIIIe et XIVe siècles ne sont si remplies d'actes d'abolition du servage qu'en conséquence. L'accession à l'état libre prend l'ascendant de fait nécessaire et irrésistible qui l'a caractérisée. Cela a lieu parce que, une fois déterminé ainsi et garanti, l'état de vilain perd le trop d'incertitude qui, auparavant, en tenait éloignée la masse rurale.

Si la liberté acquise persista ensuite malgré les efforts contraires, c'est que ces conquêtes en ont ouvert l'accès d'une manière générale. L'absolutisme seigneurial ne put plus avoir que des réveils passagers ou une action toute locale. Une concurrence et des profits inconnus auparavant se produisirent dans le travail des terres; l'acte dont je m'appuyais tout à l'heure, celui qui vient après dans le même recueil, en offrent un exemple notable. Aussitôt réglées les coutumes ou prestations auxquelles a trait cet acte, le tenancier trouve à subdiviser entre un grand nombre d'habitants 5 des 60 solidi stipulés. Ces habitants prennent une portion du domaine sous la condition spéciale de l'améliorer, par des constructions ou par le labourage, dans le délai de trois années ; ils s'engagent à ne pas délaisser leur tenure avant qu'elle ait acquis une valeur convenue, et ils consentent chacun un tribut qui élève à 102 livres et demie les 5 solidi dont ils déchargent le tenancier principal. Cette prise de possession ardente de la condition vilaine devient, pendant un siècle et demi, le fait caractéristique; l'acte du *Cartulaire de Philippe-Auguste* donne entre beaucoup d'autres la mesure de la modification des choses [1].

[1]. Voici, par un fait postérieur, une indication locale du progrès que devait ouvrir la destruction des servitudes. Le monastère de Romain-Moutier comptait, en 1485, 24 ou 26 feux, 31 en 1529.

Il n'est pas aisé d'apprécier avec un peu d'exactitude le rapport qui exista entre l'intérêt du *vilain* et les prestations seigneuriales, c'est-à-dire le poids effectif de ces prestations relativement au produit du travail. De même de connaître le degré d'utilité qu'eurent la limitation ou le règlement de ces prestations. On est contraint de s'en tenir à des faits partiels. A cet égard on n'aura même, de très longtemps, que les inductions suggérées à l'esprit par des titres comme le précédent, ajoutées à celles qu'autorisent la haine permanente dont ces sujétions ont été l'objet, les atteintes que n'ont cessé de leur porter les juristes, la réprobation dont les a frappées la science économique dès ses premières manifestations. En cela la précision manquera même toujours, peut-être, parce qu'à côté de proportions quelquefois authentiques figurent une multitude de services non appréciés. Voici par exemple les chartes coutumières de Villebrumier (1268) et de Verlhac-Tescou (1306) en Languedoc[1]. Le rapport des droits seigneuriaux à ceux du fief quant à la production brute paraît varier entre 1/7 et 1/9; mais il faudrait majorer ce chiffre par celui non déterminé, non déterminable, de beaucoup de prestations afférentes aux uns et aux autres.

En 1594, Berne, devenue seigneur, y abolit la mainmorte et toutes les redevances serviles; en 1620, il y a 60 feux. (*Mémoires de la Société de la Suisse Romande*, t. III, p. 320 et suiv.).

1. *Mém. de l'Acad. de Toulouse*, t. VIII.

Les documents d'histoire enseignent du moins que le vilainage, soit urbain soit rural, a désiré impatiemment partout ou témérairement accepté ces réglementations de coutume. Les serfs en ont trouvé les obligations et les chances préférables à l'espèce de colonage irresponsable et passif dans lequel ils vivaient au moment où elles se firent. Bien que ce fût le moment où l'administration publique, en s'érigeant, accroissait pour eux les charges, celui aussi où le lien féodal en s'affaiblissant allait cesser d'entourer de ses garanties le tenancier, il en résulta un grand développement de la culture, et un accroissement notable de la valeur du sol. On peut donc tirer cette conclusion générale : la seigneurie, tant qu'elle resta arbitraire et sans fixité dans l'exercice de ses droits, fut peu compatible avec le travail libre ; elle fit du servage l'état en quelque sorte obligé. On est confirmé en cela par ce fait qu'au XVIe siècle, au XVIIe encore, on voit le cultivateur fuir les conductions libres et se réfugier dans les mainmortes. La première moitié du XVIIIe siècle, bien plus, voit le travail faiblir, la production devenir moindre malgré tout ce que les garanties juridiques acquises et leur jouissance pendant longtemps leur ont donné de forces, cela parce que les circonstances, en développant l'exaction de la part du fisc royal, font au vilainage rural d'alors une condition trop ressemblante à ce qu'avait été la sienne sous l'ancien état de la seigneurie.

La condition *vilaine*, en tant que situation particulière des personnes, vient d'être analysée et précisée autant que les documents et l'induction autorisent à le faire. Restent à exposer la loi civile qu'elle eut en propre et les situations économiques sous lesquelles son existence se passa.

CHAPITRE XVI

CAPACITÉ PERSONNELLE DU VILAIN

Avant que les cadres de la condition vilaine fussent remplis comme ils l'ont été par la disparition du servage, elle ne laissait pas, évidemment, d'avoir des perspectives et des moyens d'exhaussement. Elle les vit étendre et affermir aux approches et dans le cours du XIIIe siècle. On eut dès lors pleinement conscience de ce dont la société lui était déjà redevable et le serait à l'avenir. La doctrine et la jurisprudence, les usages particuliers, les édits, tous les actes de nature à élever l'individu dans l'état social n'ont été plus préoccupés à aucun moment de donner aux classes vilaines les garanties qui abritent et l'indépendance qui féconde. Au sein des seigneuries comme dans les sphères où l'action du pouvoir royal s'exerçait, les lois personnelles et de propriété, l'organisation rurale, les institutions d'économie publique auxiliaires de la production, deviendront désormais de plus en plus propres à inspirer aux populations le désir d'atteindre au vilainage et de s'établir dans les conductions libres.

On se rend bien compte des avantages produits quand, en regard du droit civil des *gentishons*, pris même à une date tardive, on place l'ensemble des dispositions qui, dans les chartes et règlements de coutume, régissent la capacité du vilain, sa minorité, son mariage, ses biens. Le gentilhomme est « l'honorable esclave », a très bien dit Troplong, des nécessités féodales. Sa majorité ne s'ouvre pas avant vingt ans ; sa tutelle est une fonction d'ordre public soldée sur ses revenus mêmes, son mariage une affaire politique à la discrétion du suzerain. Son patrimoine, ses aliénations, son testament, sa succession sont rigoureusement réglés et tenus en vue de la conservation du fief ; le fief absorbe la personne. Pour le vilain, au contraire, la majorité s'ouvre à douze, quatorze ou quinze ans, avec les forces physiques. Mineur, ses proches gèrent gratuitement ses biens, dont les revenus profitent à son épargne ; son mariage n'a d'entraves que les convenances de famille et de parenté ; les règles du douaire et de la succession conjugale en font une véritable société de travail. Son testament peut s'étendre à la totalité des acquêts et à la moitié des propres ; ses aliénations sont respectées ; sa succession se divise entre ses descendants à peu près partout en portions égales et sans distinction de sexe. L'individu, la famille, les moyens de production demeurent le but essentiel de la loi quant à lui; elle n'a guère de dispositions opposées qui ne soient ramenées bientôt à ce but, tacitement quand ce n'est pas au moyen de conventions formelles.

Les différences s'affirment surtout dans le régime des biens. Est exclus de l'usage vilain le patrimoine, qui exige dans les transmissions le consentement de tous les ayant-droit, qui comporte le *retrait*, la *suite*, qui engendre l'aînesse, les prérogatives de sexe. Cette co-possession pleine de gêne, institution d'une société immobile ou restreinte, de l'aristocratie féodale ou de la tribu, aurait entravé l'essor individuel, empêché le travail actif, celui qui est avide de responsabilité comme de la source même de toute richesse et de toute force sociale, celui qui a caractérisé la classe vilaine en France. Pour elle fut constitué un patrimoine spécial, le *meuble*, disponible, au lieu du *propre* féodal, enrayé, lui, dans les empêchements de la loi. Le *meuble* comprit non seulement ce que la nature des choses rendait tel, mais aussi tout ce qui put passer pour résultat de l'œuvre personnelle. Ce patrimoine, roturier dans la pure acception du mot (*ruptuarius*, de *rumpere, rumpere terram*[1]), avait déjà de larges assises, au temps de Beaumanoir, sous les noms génériques de *meubles* et d'*avoir*. Sous celui de

---

1. C'est-à-dire faire œuvre « *des rurales et innobiles personnæ* ».

catels ou *catteux*, particuliers aux provinces du Nord (*catelli, catteix, chatteix*), ce juriste en traite en outre à plusieurs reprises[1] et les *Olim* en présentent diverses vicissitudes[2]. Les *Establissements*[3] soumettent à l'action du douaire de la femme cette espèce de biens qui, jusqu'au XVIᵉ siècle, ne cessa d'être consolidée et agrandie. Deux arrêts du parlement (Saint-Martin 1282 et 6 décembre 1286) que cite Charondas[4] peuvent apprendre comment, à la fin du XIIIᵉ encore, la jurisprudence en favorisait la formation. Renforcé du système des *acquêts* et *conquêts*, qui se développait parallèlement au sein de la communauté entre époux, ce patrimoine fut, pour les vilains ruraux entre autres, le commencement de la propriété; il leur créa des moyens progressifs de labeurs et d'épargne.

Stimulant d'autant plus actif que les modes d'acquérir étaient d'ailleurs entourés pour eux des plus grandes faveurs. La possession annale, en tant que moyen de se rendre possesseur et de le rester, tout au moins de conserver les bénéfices de la possession, fut en effet d'usage général, même dans les pays où le droit romain avait

---

1. Chap. XII, nᵒˢ 1 et 4 entre autres.
2. Tom. III, p. 14 et 714, *Arrêts* ou *Enquêtes*, notes de 1299 et 1312, concernant la Picardie et la Brie.
3. Liv. I, chap. XXXVII et XXXIX.
4. *Notes* sur le tit. LXXIV de la *Somme rurale*.

enraciné le plus les longues prescriptions. Plus tard, quand le souvenir de ce droit se joignit aux tendances de toute société d'ancienne date pour limiter les effets des brèves détentions, l'an et jour donna encore aux vilains les avantages d'une action possessoire qui atteignit la propriété féodale elle-même, longtemps abritée sous l'imprescriptibilité la plus rigoureuse [1]. Dans le Midi les chartes de Salon en 1293, de Chastelblanc en 1306 (art. 5 et 36), de Montpellier (art. 59); dans le Nord celles de Noyon en 1181 (art. 13), de Roye en 1183 (art. 3), de Saint-Quentin en 1195 (art. 7), de Chaumont en Vexin (art. 10), de Pontoise en 1168 (art. 11), les usages d'Artois au milieu du XIIIe siècle (tit. XXVI, § 5); dans l'Est la charte de Saint-Dizier (art. 285); dans le Centre celles de Bourbon-l'Archambaut et de Moulins; dans l'Ouest les dispositions coutumières qui ont fait du *tènement de trois* ou de *cinq ans* une matière juridique toute spéciale ; en un mot, partout les textes régulateurs des intérêts de domaine donnèrent force aux brèves possessions en tant que témoignage de labeurs tenus pour essentiellement favorables, et furent une des sources les plus fécondes de la possession définitive.

---

[1]. Cf. de Parrieu, *Actions possessoires*.

CHAPITRE XVII

ORGANISATION RURALE EN INDIVISION

Les manières qui sont recherchées ou que l'on fait prendre pour l'établissement matériel de l'existence, pour l'emploi des forces et des ressources à l'exploitation du sol; un arrangement surtout en quelque sorte obligatoire de la vie privée affectant les rapports de famille et la capacité personnelle, ces conditions tiennent la première place entre les choses qui influent sur le sort d'une population, sous quelque titre ou moyennant quelque part des fruits que ce sol soit du reste tenu. Il a été dit, plus haut, que les modes de travail ou de partage des fruits qui succédèrent au servage ne furent pas partout ceux de la liberté complète. Faute de trouver dans les faits la sécurité que promettait le droit, le vilain appropria ou reçut à son usage des modes qui étaient habituels dans l'état serf.

Comme la famille asservie, la famille vilaine pratiqua l'indivison et la communauté familiales. Cette combinaison des forces individuelles fut générale. On a lieu de se demander s'il y eut bien là imitation des institutions serviles. Le sacrifice de personnalité, l'abnégation civile n'y sont-ils pas trop sensibles pour qu'on ne soit point porté à reconnaître, dans son adoption, l'effet de dispositions innées chez les peuples gallo-romains, au premier degré de leur civilisation ?

Interprété ainsi, le régime de la communauté aurait passé dans la condition libre comme il avait existé dans le servage, mais exceptionnellement dans cette condition libre en tant que souvenir ou affaiblissement du servage. Dans la plus ancienne législation de ces peuples, en quelque sorte dans leurs usages immémoriaux, ce régime est pratiqué par les libres : « *mos in omnibus « fere galliæ provinciis obtinuit,* dit une ancienne « chronique[1], *ut seniori fratri ejusque liberis paternæ « hereditatis cedat auctoritas cœterisque ad illum « tanquam ad dominum respicientibus* ». On en voit plus d'un exemple dans le droit des croisades; la pièce LXXXI, entre autres, du *Cartulaire du Saint Sépulcre* porte la constitution d'un métayage perpétuel à une association de descendants et de collatéraux : « *Nemes Suriano et filiis suis, et filiis fratis sui Antonii* ». C'est dans la faveur dont jouissait l'indivision communau-

---

1. Otho Friseng., cité par Troplong dans la *Préface du contrat de société* où, le premier, il a donné de la communauté rurale au moyen âge une explication digne de la science historique.

taire qu'il faut chercher l'explication du chapitre 227 des *Assises de Jérusalem*. Chapitre resté incompris des commentateurs, déclaré inintelligible par le savant et ingénieux éditeur de ces textes lui-même [1]. Ce chapitre 227 prescrit le rapport à la succession paternelle de tous gains et acquêts propres à chaque enfant, quand l'ascendant n'a pas fait d'avance le partage [2].

Un moment arriva, pour la condition vilaine comme pour l'état de servage, où l'on forma moins de ces existences indivises, puis des époques où on les détruisit avec passion ; mais longtemps c'est du partage qu'on eut horreur. Ce dernier fait se produisit chaque fois que les circonstances portèrent avec elles l'incertitude ou le trouble. Ce sont sans doute les commencements du travail libre, quelle qu'en soit la date, qui virent l'état communautaire en faveur. Cela au début de la société féodale aussi bien que très avant dans son existence. Passé le XIIIe siècle, quand l'état d'indivision n'est déjà plus aussi accepté des juristes et devient moins commun, le plus grand nombre des exemples qu'on rencontre se rapporte à des familles récemment affranchies, débutant dans l'entreprise vilaine.

Voici des présomptions que tel fut bien le

---

1. Beugnot, *Assises de la Cour des Bourgeois*, chap. CCXXXVII, notes.
2. Cf. *Assises*, t. I, p. 633.

rôle de l'association communautaire : quand on la fit dériver tacitement de faits de cohabitation, on se borna à y comprendre les meubles, c'est-à-dire le patrimoine, essentiellement personnel, qui est particulier aux premiers temps de la vie libre; on laissa par suite en propre aux héritiers naturels la part du parçonnier décédé. D'ailleurs l'indivision demeura interdite aux gentilshommes, sauf dans la Coutume de Champagne, où le travail n'avilissait pas.

Le moyen âge n'a-t-il pas voulu cimenter par l'indivision le travail libre aussi bien que le travail asservi, afin d'en mieux garantir les résultats, voulu en assurer ainsi soit la continuité dans la descendance, soit l'organisation entre étrangers? On suivait ces vues, semble-t-il, lorsque très tard encore, dans la plupart de nos provinces, dans celles de *droit écrit*, comme dans celles de *coutume*, et que le principe de la communauté conjugale régnât ou celui de la dotalité, la loi suppléait le consentement pour établir l'indivision communautaire; il la faisait résulter tacitement de la codemeurance et confusion de meubles, travail et fruits pendant an et jour [1], ici entre parents et entre étrangers, ailleurs entre parents seulement [2]. Ne serait-ce pas sous ces influences qu'auraient été créées, au sortir du

---

1. Beaumanoir, chap. XXI, n° 5.
2. Particulièrement Nivernais et Angoumois.

servage, les mainmortes vilaines? C'était la plus ancienne des conductions, conséquemment la plus sûre. Ces mêmes influences, le même intérêt ne dirigeaient-ils pas le clergé et la noblesse de Bourgogne, à une époque relativement récente, quand ils firent rendre, en 1549, l'édit interdisant aux cultivateurs sortant des mainmortes de devenir propriétaires de terres s'ils ne s'y constituaient en communauté [1]; les propriétaires de la Marche, lorsque, même dans le XVIIe siècle, ils érigaient cette communauté en condition de bail dans leurs métayages perpétuels [2] (mainmortes pures et simples qui sont notables par leur date si moderne); et aussi les nobles de plusieurs provinces, quand ils s'en rendirent le bénéfice commun avec les roturiers, lors de la rédaction des Coutumes [3]?

Relativement au servage, les jurisconsultes n'expliquaient pas autrement la formation de la communauté rurale que par le danger reconnu dans l'individualisation des entreprises. Le plus porté de tous à découvrir l'intérêt social dans les

1. Perreciot, *ubi supra*, t. I, chap. V.
2. Voir, dans Dalloz, *Jurisprudence générale*, une espèce où se trouve analysé un de ces métayages dont le titre est de 1625. On y lit cette condition textuelle : «... Que les preneurs ne feraient qu'un même pôt, feu et chanteau, et vivraient en communauté perpétuelle. »
3. Troyes, 101-102 ; — Chaumont, art. 75; — Bar, art. 83; Bassigny, art. 69, 70; — Auxerre, art. 201, 202; — Berry, art. 8, 10; — Bourgogne.

lois ou dans les usages, peut-être le plus apte,
c'est Coquille. En commentant une des coutumes
qui maintint sous cette forme le « mesnage des
champs » plus tard et plus complètement que
les autres, non-libre ou libre il n'en trouve pas
d'autre raison sinon la « liaison économique »,
les garanties et les ressources que donne à la
production « la fraternité et amitié » nouées par
l'existence indivise. Il ne manque jamais de lui
opposer, comme une victorieuse preuve de fait,
« la ruine certaine des maisons de village quand
« elles se séparent ». Sous un jour semblable
Vigier a vu celles de Poitou [1], et il les vante par
les mêmes motifs. Aux états de 1484, Masselin
montre dans l'indivision une violence faite au droit
individuel par la déplorable administration des
impôts publics, violence obligeant les cultivateurs
à vivre sous la forme gênante de la communauté;
néanmoins il attribue à son usage, universel dans
le Cotentin, que les tailles aient été mieux sup-
portées et la misère des populations moins
grande. En Berry, sous Colbert, l'intendant fait
une remarque analogue. Ces communautés elles-
mêmes, enfin, n'ont pas transmis à leurs successeurs une autre idée de leur origine. C'était leur
légende. La dernière maîtresse des Pinon, en
Auvergne, la redisait encore il y a cinquante
ans [2].

1. Sur Angoumois, art. 41 et *passim*.
2. Doniol, *Ancienne Auvergne*, t. III.

De même que les autres entraves sociales qui retenaient l'activité individuelle, l'indivision communautaire, en tant que mode usuel de la vie rurale vilaine, disparut à mesure que, par les profits successifs et par les progrès du droit, le personnel rural se sentit plus fort, éprouva davantage l'ambition de vivre et de travailler en propre. Ce n'est pas que, dans les idées juridiques, cette indivision ait joui d'une faveur très prolongée. Déjà Beaumanoir se sert des plus subtils détours de son esprit pour la limiter, quoique à la manière dont il en parle on sente qu'elle est un fait général. Mais si ces propensions étaient justes en théorie et révélaient l'avenir, elles ne pouvaient pas encore modifier beaucoup les choses. Tant qu'il resterait des masses serves à établir dans le vilainage et tant que le vilainage manquerait de force ou de sécurité, la communauté avait une raison d'être supérieure. Elle fut attaquée avec plus de succès à l'époque de Mazuer. Bien que réduite dès lors dans l'usage, rendue moins facile par les dispositions légales, proscrite ou déclarée odieuse dans sa formation tacite par plusieurs coutumes [1], elle garda dans la législation du xvie siècle une place attestant les nombreux intérêts qu'elle avait créés.

Dans le fait, l'opposition des juristes n'avait

---

1. Orléans, 213 ; — Melun, 224, — Laon, 226 ; — Reims, 285 : Cf. *Laurière, Glossaire*, v° Communauté tacite.

pas empêché que, tacitement ou expressément, ces ménages indivis ne fussent devenus le mode le plus répandu de la population rurale. Par imitation de la famille proprement dite, qui d'abord leur avait donné son cadre, des familles étrangères ou alliées les unes aux autres avaient, peu à peu, formé les « *compagnies enconvenanciées* » dont parle Beaumanoir[1]. Après quoi les enfants des premiers associés, leurs alliés ou leurs enfants avec le père ou la mère survivant, avaient continué l'existence et l'exploitation en commun ; le plus souvent elle se serait amoindrie, sinon effondrée en s'individualisant. Tous les modes de culture, depuis les métayages les plus dépourvus jusqu'à la ferme, se sont développés à l'abri de cette communauté protectrice. Quand elle avait réussi suffisamment, l'individu qui en souffrait la quittait ou cessait d'y prendre assez d'intérêt pour y être utile ; il la reprenait vite, ou bien il s'y tenait avec religion, partout où le profit n'atteignait qu'à peine le niveau des besoins. Fermiers à temps aussi bien que locataires perpétuels ou emphytéotiques, qu'eussent-ils trouvé de préférable, en effet, quand les vicissitudes de la société, la « for-« tune des temps » rendaient périlleux ou impossible l'essor personnel ? Rester sous le même toit, partager le même sel et le même pain autour du

---

[1]. Chap. XXI, n° 30.

même feu et du même pot, quoi de plus appréciable ? N'assuraient-ils pas ainsi leur travail et leurs épargnes ? Par la jouissance des bienfaits de l'état libre moins incertaine étant collective, ne s'exhaussaient-ils point, patiemment, lentement, mais de plus en plus ?

Aussi, jusque dans le XVIIe siècle les titres s'occupent-ils fréquemment des communautés rurales, et les terriers, les partages de cens mentionnent-ils un grand nombre « de consorts et communs en biens ». A d'autres indications encore il est facile d'y reconnaître les traces d'indivisions anciennes récemment rompues. La majeure partie des villages, mas, hameaux, désignés sur les cartes où dans les usages locaux par des noms précédés de l'article *les*, beaucoup de tènements, même quand leur nom ne rappelle pas uniquement un accident particulier du sol, représentent ces associations disparues. Dans le centre de la France, où leurs établissements ne se sont dissous tout à fait qu'en ce siècle-ci, on les voit comme pressées par le développement individuel, au sein des contrées riches ou commerçantes; elles sont rejetées sur les parties moins fertiles ou plus abruptes du Nivernais, du Bourbonnais et de l'Auvergne, à mesure que l'on approche de l'époque moderne. L'absence de l'intérêt individuel en elles devait être partout la cause de leur destruction; cet intérêt individuel a invité à les rompre dès que le travail, la possession privée, l'existence propre présentèrent leur irrésistible attrait, devenu suffisamment garanti par le droit et assuré en réalité.

Mais qu'à part le défaut de comprimer l'essor de la personne, défaut tout relatif et relativement récent, l'indivision en communauté n'ait pas eu beaucoup de vertus, qu'elle n'ait pas préparé à son monde les succès ultérieurs, l'histoire ne le laisse point penser. Des vestiges en sont parvenus jusqu'à notre temps. Qui ne connait ces Guittard-Pinon à qui les fantaisies libérales du dernier intendant d'Auvergne firent faire du bruit dans les journaux, les livres, même à Versailles, sous Louis XVI. Ils avaient acheté le fief voisin; ils se seraient vu probablement anoblir. Leur élévation est, à coup sûr, un remarquable exemple des forces puisées par les cultivateurs vilains dans la continuité de la vie commune. Il y a encore trace, aux mêmes cantons, de communautés plus modestes où l'utilisation patiente de territoires peu favorisés, la dignité extérieure des personnes, révèlent tout autant ce qu'il y eut de vitalité sociale dans cet état rural [1]. Pour n'avoir pas atteint si haut que les Pinon, elles s'étaient néanmoins séparées riches; elles en avaient absorbé d'autres qui les touchaient [2]; elles laissaient pour marques de

---

1. Les Tarentey, par exemple, les Dunaud.
2. Les Barutel, entre autres, qui avaient acheté les biens de Mosnerias en 1569.

leur fortune de beaux terroirs, de larges habitations[1]. On a fait des Joux hier encore communs du Morvan un tableau séduisant, et il est aisé de trouver ailleurs des traits à parer de couleurs aussi heureuses. Grandes ou petites, ces associations, hors des conceptions économiques d'aujourd'hui autant que des notions du droit, restent une des meilleures institutions du passé. Leur généralité est la preuve des mauvaises situations où fut longtemps l'entreprise individuelle. Elles donnèrent à la personne des anciens *vilains* le plus efficace des moyens de se protéger et de grandir.

1. Les Bourgade en particulier, à la Dardie, entre Thiers et Vollore. — Cf. Legrand d'Aussy, sur les Guittard-Pinon, dans son *Voyage en Auvergne*; de même les détails que j'ai donnés sur les communautés de ce pays dans l'*Ancienne Auvergne*.

CHAPITRE XVIII

ÉTAT ÉCONOMIQUE; LES CONTRATS

Pour les vilains qui étaient ouvriers de métier, le domaine des conventions de travail, le louage d'ouvrage à généralement parler, a dû s'ouvrir assez tard. Eux et les petits commerçants des bourgs ou des villes furent aussi les *couchants* et *levants* de la seigneurie, les *sujets* passibles de ses perceptions et de ses abus. Leur histoire, au moyen âge, réside surtout dans celle des transactions sur « coûtume » connues assez improprement, depuis Augustin Thierry, comme « insurrection des communes ». Mais les vilains formant le gros de la population seigneuriale sont ceux qui, par le patrimoine ou par le travail de bras, par la possession agraire ou par l'entreprise culturale, avaient leur existence englobée dans le domaine agricole. Là se trouvait le nombre, et là a été pendant longtemps presque tout l'intérêt économique.

Dans ce milieu-là, les conventions étaient nées avant le moment où les limites apportées au droit seigneurial firent disparaître presque universellement le servage. Avant Louis IX, toutes les conditions de travail qui sont devenues usuelles étaient pratiquées. Elles donnaient lieu à des contestations fréquentes, elles se formaient même avec des serfs ou entre des serfs. Dans Beaumanoir, dans de Fontaine, dans les *Olim*, leurs espèces abondent, et antérieurement les cartulaires, tous les recueils de titres en présentent un grand nombre. Ces conventions datent de l'heure où, quelque part, il parut avantageux de sortir des faire-valoir serviles et d'avoir recours, dans une mesure quelconque, à l'entreprise libre. Leur date commune, en tant que d'usage général, leur date à proprement parler historique, a été marquée inégalement selon les lieux; mais une même circonstance l'a déterminée, à savoir la limitation de la seigneurie à raison des causes et suivant les modes exposés plus haut. Les énonciations des textes portent la preuve que là où naît un peu de sécurité, la conduction naît en même temps. On la voit s'installer dans les faits avec la multiplicité qui atteste de nouvelles circonstances générales, dès que des latitudes et la sécurité résultent pour le travail, en quelque lieu, de la fixation de la *coutume* dans la seigneurie.

Selon quelles règles ou sous quels modes les contrats de culture se sont-ils formés au moyen âge et développés après? Le voici d'une manière sommaire. Bailleurs et preneurs, lorsqu'ils placèrent le travail, en mains libres, appliquèrent partout un seul et même principe, ce fut de n'établir que peu à peu la pleine indépendance. Ils continrent d'abord celle-ci, le bailleur pour n'en restituer que graduellement les attributs, le preneur pour ne les rechercher que de même. Cette restriction affecta le propriétaire dans son droit sur le domaine, le cultivateur dans sa capacité civile et sa manière d'exploiter le sol en conduction pendant la durée du contrat. Une culture reposant sur une sorte de copropriété du preneur, une conduction à long terme, un exploitant dont les facultés civiles étaient bornées pour que l'entreprise devînt moins chanceuse en ses mains, ces conditions tantôt réunies tantôt séparées, tel est le premier état des louages agricoles. Ils progressent, ils attestent un état plus avancé, à mesure que le propriétaire y reprend son droit diminué, à mesure que le tenancier y trouve davantage de liberté personnelle et de faculté d'exploitation, c'est-à-dire la jouissance de capacités juridiques, la brièveté d'engagements, la mutabilité que la liberté suppose.

Caractères tout économiques. Ce sont les seuls qui distinguent les unes des autres les anciennes conventions rurales, et ce sont ceux par lesquels l'ordre successif de leur établissement s'indique le mieux. Sous leurs nombreuses et très variables dénominations, tous en effet se réduisent aux conséquences suivantes. Quant à ce qui regarde le sol conduit, aliénation du fonds en plus ou en moins sous la charge d'une rente, et bail soit perpétuel soit héréditaire soit temporaire soit à journée de ce fonds [1]. Quant à ce qui concerne le conducteur, des tenures emportant diminution de sa capacité civile, d'autres qui reposent sur son association avec le propriétaire, d'autres fondées sur sa complète indépendance. Ces caractères avaient prédominé chacun pendant une certaine période, et chacun se recommandait par une tradition propre qui ne dut pas être sans influence sur le choix. L'agronomie impériale, les habitudes serviles, les engagements du fief eurent donc part à ce choix. Si l'on ne voulait envisager les conductions que relativement à l'origine historique, on aurait toute raison de dire que les longs termes furent empruntés à l'emphytéose et aux locations perpétuelles latines, la non-liberté d'entreprise et de la personne civile au servage, les attributions de dominité au principe féodal.

On aurait tort de croire, pourtant, que ces contrats s'introduisirent tout faits et d'une fois, quand le servage des personnes et de la terre cessa. En partie par raison d'habitude, en partie

---

[1]. Le travail fait *ad locagium*, suivant l'expression des Ordonnances, la *facheria* des chartes de Provence : on dit encore dans le langage vulgaire du Centre et du Midi *faire* un champ, pour indiquer l'œuvre salariée par saison ou par année.

par nécessité des choses, l'affranchi continua très souvent de travailler sous les mêmes conditions où il avait occupé les fonds étant serf; il dut attendre que l'échéance naturelle de ces conditions arrivât, pour voir d'autres rapports s'établir entre le propriétaire et lui. Ce fut là, outre les considérations économiques, une raison essentielle pour faire durer les formes serviles au delà du droit servile lui-même. De plus, lorsque les anciens liens, en se dénouant, permirent la création de liens nouveaux, le tenancier n'approcha l'indépendance de plus ou moins près qu'en la pliant à des conditions inhérentes aux choses, c'est-à-dire aux usages ou aux convenances de chaque lieu, au rapport entre les besoins qui dictaient le contrat, la confiance de celui qui donnait le sol, les ressources de celui qui le prenait, aussi les circonstances publiques de tout ordre.

Les circonstances surtout réfléchirent sur les conventions. Ce sont elles en majeure partie qui, dans de certains temps et de certaines circonscriptions, impriment aux conventions des caractères communs. Elles les font successivement perpétuelles, viagères, temporaires, libres. Non que cela ait eu lieu avec la régularité chronologique. Des tenures que l'on croirait ne pouvoir pas franchir certaines époques, certaines zones, certaines classes se rencontrent hors des temps, des régions, des catégories de personnes où leur nature semblerait les renfermer. Mais ce fut une action immanquable bien qu'intermittente, l'histoire l'atteste fréquemment. Des situations sociales données, en produisant à des époques très distinctes et dans des lieux très distants les uns des autres les mêmes exigences, autrement dit, le concours des mêmes circonstances publiques, a conduit aux mêmes formes de tenure rurale. Très près de notre temps, dans le XVIIIe siècle, ont ainsi reparu les longs termes, l'aliénation du fonds en vue de la rente, qui sont incompatibles avec un état de société avancé; ils furent ramenés parce que les choses prenaient les vices des temps primitifs.

Il faut remarquer que si les conventions de culture ont comme contrats une date commune, leurs modes particuliers, qui correspondent à des situations diverses, ne pouvaient se produire qu'avec ces situations mêmes. Or, ces situations ne sont pas nées partout au même moment. D'une part, l'intérêt du propriétaire changeait du tout au tout selon qu'il faisait exploiter comme seigneur de fief ou comme simple possesseur de patrimoine. Deux catégories de contrats, par suite. Chacune est afférente à l'un ou à l'autre des deux titres. Dans le fief, propriétaire et tenancier cherchaient des obligations réciproques que l'exploitation ne commandait en rien; il fut créé un contrat propre, la censive, qui conféra des droits de nature à assurer ces obligations, outre celles que la culture exigeait. Le patrimoine, lui, préoccupé du seul intérêt cultural, eut les contrats locatifs qui règlent le travail du fonds et le partage des fruits, autrement dit la conduction des terres. Mais, à un certain moment, la censive cessa de répondre à l'intérêt féodal; on fit pénétrer alors plus complètement la conduction dans les usages du fief.

Indépendamment de ce que les espèces de chacune des catégories de contrats apparurent, quant à chaque situation, à une date fixée par la naissance d'une utilité spéciale, les conductions se sont présentées dans un autre temps et formées sous d'autres modes ou d'autres conditions que sous le patrimoine, quand l'exploitation dépendit du fief. Elle dut s'établir ici de meilleure heure. Il y en a une raison que voici. Jusqu'au jour où il parut nécessaire de faire cesser le démembrement de domaine que produisait la censive, ou bien de rompre les liens de fief établis par elle entre les personnes, son moule se prêtait à tous les engagements qu'exigeaient les nouveaux besoins. Hors du fief, au contraire, quand, le servage une fois aboli on se trouva en présence des anciens louages romains, longs, onéreux, excentriques des conditions que l'on recherchait, il parut plutôt, plus souvent et plus nécessaire de recourir à d'autres conventions que celles-là.

En fait, toutefois, on peut regarder la conduction comme venue par le fief dans l'agriculture du moyen âge. Il y eut bien des terres placées sous la seule loi du patrimoine; plus d'un texte fait la distinction entre celles qui suivaient cette loi et celles que régissait la loi du fief. Entre autres, la charte précitée de Villebrumier porte l'opposition de *fieux* et *terras*, pour distinguer les deux natures de possession en tant qu'objet de la culture. Mais comme le fief avait été originairement la manière d'être obligée du domaine; comme ses avantages en firent longtemps rechercher les engagements par les patrimoines même les mieux protégés; comme la seigneurie de justice s'étendit d'abord particulièrement sur les agglomérations d'habitants et les fonds urbains, les campagnes, à généralement parler, ont dépendu du fief. Il fut, jusqu'au xve siècle, le grand gouverneur du sol et de la vie rurale, le « *dipensator rusticarum rerum ac villicarum rationum* » dont parlent les juristes à cette date [1]. La *censive* ou bail à cens forma le fond général; elle ne laissa assez longtemps qu'à un nombre restreint de domaines l'usage des conductions.

---

1. Choppin, *De Privilegiis rusticorum*, operis divisio : 72, 2.

CHAPITRE XIX

CONTRAT FÉODAL, LA CENSIVE

Lors des commencements du fief, la seigneurie aurait trouvé peu d'intérêt aux services militaire, de cour, de judicature. Outre ces *services nobles*, elle avait à se donner surtout les *services roturiers* qui assureraient la culture[1]. Divers moyens s'offraient pour cela. D'abord garder le servage, alors pleinement florissant. Mais des serfs ne lui procureraient point, tant s'en faut, l'utilité qu'elle cherchait; c'est d'une population active, apte à croître, conséquemment à augmenter la puissance du fief, c'est d'*hommes*, d'associés capables de vie civile, de libres en un mot, que la seigneurie avait besoin. En second lieu, prendre ou conserver les divers louages libres de l'agronomie romaine plus ou moins altérés et que, comme *potens*, grand-propriétaire ecclésiastique ou laïque,

---

1. Les travaux des « rurales et innobiles personœ » qui, dans certains textes, désignent les vilains : «... aliis etiam ruralibus et innobilibus personis in emphytheusim ad certum census seu ad certam portionem fructuum, portionem concedere, » lit-on dans une enquête de 1309 (*Olim*, t. III, p. 437); elle indique très bien la division d'un fief en arrière-fiefs et en censives.

elle pratiquait déjà. Si, toutefois, le seigneur donnait ses terres à cultiver à des libres sans les engager dans son système de solidarité spécial, il manquerait également son but, se privant d'autant de forces individuelles qu'il y aurait ainsi de personnes occupées à la culture autour de lui. Il dut donc se créer sa conduction propre, tout au moins approprier à ses fins une de celles existantes. Il y pourvut en ajoutant, à l'emphytéose Justinienne, celui des louages usités dont les règles lui convenaient le plus, dont les conditions étaient de nature à le servir le mieux.

Dans les idées d'alors, l'emphytéose impliquait avant tout la longue durée[1] : cela même la désignait au fief pour qu'elle devînt la *censive*. Il n'eut guère qu'à ajouter aux avantages de fixité, de durée, d'utilité économique qu'elle offrait, le lien politique et quelques-unes des stipulations qui rendaient alors le travail plus recherché. Sous la mesure où le seigneur féodal avait besoin des attributs de la propriété, l'emphytéose les lui garantit par la réserve du domaine direct, que représentait pour lui le *cens*. Autant il fallait que la culture changeât de mains sans que les revenus fussent compromis, l'emphytéose y pourvut aussi. Le cens, en effet, restait imprescriptible contre le

---

1. On appelait *conductions* les contrats emportant au contraire la mutabilité et la brièveté de possession «... *Emphyteusis vel conductionis titulo*, » *Concils de Tours*.

seigneur et correspondait d'ailleurs à la part de fruits revenant au propriétaire dans une culture normale. De plus l'emphytéose laissait faciles les mutations, parce qu'attachée au fonds elle n'était nullement personnelle ni divisible entre héritiers. Enfin, dans la limite où il importait que terres et hommes fussent subordonnés au seigneur, à son action, reliés à son existence par la stricte réciprocité d'engagements et de services du vasselage, elle rattacha au bailleur et le sol accensé et le preneur en censive. La *censive*, enfin, conférait au preneur, dans le domaine de l'utile, une quasi-propriété qui lui permit de régir l'immeuble à sa guise, d'en subdiviser, changer, aliéner, transmettre par héritage l'exploitation, tandis qu'emphytéote il ne pouvait faire cela que très imparfaitement et souvent pas du tout; la censive ne faisait pas perdre, comme l'emphytéose, la possession faute de paiement du cens pendant trois ou même deux années, mais devenait uniquement passible d'amende dans une très large mesure relative. Ce contrat satisfit donc la liberté que le travail réclame pour avoir les stimulants de l'épargne et de l'ambition.

C'est parce que la création de ce vasselage rural procura une culture profitable au domaine et assura au fief des ressources et des hommes, que l'association féodale se fit si rapidement forte, que tant de patrimoines incapables de se constituer en fiefs ou de se maintenir *alleux*, c'est-à-dire indépendants de toute espèce de vasselage et de sujétion, voulurent partout être associés au fief à titre de *censives*. A un certain moment, toute propriété qui n'avait pas la constitution ou même les éléments du fief, s'efforça de s'en donner au moins la forme ou les apparences pour se créer les avantages de la *censive*. Il fut par là facile à celle-ci de monter insensiblement de ces attributs utiles, qui la font nommer *fief-vilain* par beaucoup de textes, à la propriété pleine; puis de contribuer à réduire le fief aux proportions d'un patrimoine; finalement de le faire disparaître en échappant tout à fait à sa dépendance.

Les effets du vasselage et une possession très étendue, voilà donc ce qui caractérise le contrat d'utilisation du sol sous le régime féodal, quelque dénomination que prenne d'ailleurs ce contrat en chaque pays. C'est un contrat tout spécial. Bien à tort, sous son nom de *censive*, on a compris les contrats ruraux en général, parce que les services manuels attachés à la censive la rendaient essentiellement roturière. Tant que le fief ne connut que des nécessités d'agronomie, il eut intérêt à mettre ses terres sous des modes de détention plus ou moins dérivés de celui-ci, sauf qu'ils en différassent par les effets. Évidemment la censive, qui était subdivisible ou modifiable, qui se pliait aux découpures du fief, suppléa pour lui longtemps les avantages des conductions ordinaires. Elle retenait néanmoins le travail dans des plans qui devaient cesser de s'accorder aux choses; alors le propriétaire ne trouva qu'inconvénients à transmettre à son preneur autant du droit domanial.

Ce fut dès le xII^e siècle et au xIII^e surtout. Les services nobles s'amoindrissaient par la croissance d'une administration centrale pourvoyant aux besoins publics; le fief se rapprochait d'autant plus des conditions de la propriété ordinaire et accordait une importance plus grande aux services utiles; le preneur en censive commençait en conséquence à se faire reconnaître, dans les décisions judiciaires ou par la doctrine même, une dominité de plus en plus étendue. Ce devint une nécessité, pour le régime féodal, de s'appliquer à changer ses conductions. Il introduisit la ferme et les colonages divers dans la censive. Il le fit en leur conférant soit quelques-uns des liens du vasselage, soit des conditions spéciales de durée ou de conservation, par exemple une hérédité préfixée [1]. Seigneurs, grands censitaires, vassaux inférieurs créèrent ainsi, chacun dans sa sphère et à son moment, les différentes

---

1. Les *main-fermes, vavassoreries, acapit, bail à termaige*, par exemple, me paraissent n'avoir pas d'autre origine.

tenures qui ont été ou associées à la censive ou confondues avec elle, même substituées à ses engagements. De ces tenures les unes gardant plus ou moins les attributs de dominité, d'autres au contraire imaginées par le bailleur pour les reprendre. Chacune, du reste, par ses clauses, par sa durée, par la nature et le lieu du tènement qu'elle eut pour objet, témoigna du besoin particulier qui lui donnait naissance.

Il faut d'ailleurs faire attention que les événements publics, au XIIe et au XIIIe siècles, avaient placé la société dans une de ces situations qui commandent de profondes modifications économiques, parce qu'elles exigent un prompt et considérable développement de la production. On s'explique par là qu'il se soit créé simultanément d'autres conditions de tenure que les conditions premières, et qu'à peu près sur toutes les terres on ait non seulement modifié, mais même remplacé la censive. Après les croisades, qui enlevèrent aux campagnes tant de bras s'il faut en croire les chroniqueurs [1], après des guerres de seigneurie à seigneurie comme celles dont les juristes ou les

---

1. «... Quelques provinces furent si épuisées, » dit l'abbé de Clairvaux, « que sur sept femmes il s'y trouvait à peine un homme. » On trouve dans les *Script. Brunswic.* de Leibnitz, p. 22, que, « les paysans abandonnaient leurs charrues en plein champ, les pâtres leurs troupeaux, que les valets et les servantes s'enfuyaient de chez leurs maîtres. » Voir du reste Heeren, qui a recueilli toutes ces attestations.

ordonnances royales attestent les ravages, après la destruction furieuse de la civilisation méridionale dans la guerre de l'Albigeois, il devait naître des besoins, se créer des forces et des intérêts que les anciennes formes du travail et de la possession eussent été impuissantes à satisfaire. A partir de ce moment les annales de la propriété ecclésiastique montrent les premières traces de conductions non-féodales, dans l'exploitation de ses ténements. On les voit mentionnées bientôt dans les coutumes des villes pour qui l'agriculture avait une importance particulière, comme les municipalités de Provence et de Languedoc. Une impulsion universelle leur fut donnée par les grands règnes qui se succédèrent. D'elles-mêmes, d'ailleurs, elles devaient se multiplier en multipliant les exemples de leurs avantages.

D'alors aussi datent des débats de juristes qui retentirent dans les faits. Ces débats, tantôt l'intérêt du preneur, tantôt celui du bailleur, quelquefois celui de la seule glose les anima. Ce fut tantôt pour affaiblir ou pour faire prédominer dans la censive le caractère d'emphytéose, tantôt pour retrouver ou pour maintenir dans les autres contrats, souvent au détriment de la vraie tradition, leur nature ou leurs conséquences soit latines soit féodales; mais ils introduisirent dans la matière des conductions rurales du moyen âge une confusion de choses et de termes peu propre à la rendre claire, si, en ce qui les concerne, on ne savait s'arrêter aux caractères fondamentaux. Ces débats n'intéressent, ici, que par leurs effets généraux sur le droit des contractants en lui-même et sur leur condition personnelle. Leur détail appartient à l'étude des faits sur un territoire donné; il témoigne localement, à quelques égards, des causes génératrices ou déterminantes de ces faits. Dans l'ensemble, ils apprennent ceci : grâce à eux, dans les usages du Midi de la France, l'appellation de *censive* passa aux conductions ordinaires, et, à l'inverse de ce qui avait lieu partout ailleurs, le nom d'emphytéose à la *censive*. Au reste, presque en tous pays après le xve siècle, on perdit maintes fois de vue les limites de chaque catégorie de contrat, donnant souvent aux uns, d'habitude, les règles des autres.

CHAPITRE XX

CONDUCTIONS DIVERSES

Sous des dénominations différentes et des modes divers, il y a eu des conductions dans lesquelles la personne, *libre* en tant que qualité civile, fut à peu près *serve* en tant que manière d'être. C'est-à-dire que l'exploitation, le travail agricole, y fut donné à des vilains, dans le fief et hors du fief, sous la condition qu'il s'effectuerait suivant l'usage servile. Si le plus ou moins d'indépendance personnelle et foncière est la mesure quelque peu juste des contrats culturaux, celui qui est évidemment le moins avancé, le plus ancien en conséquence s'est appelé « mainmorte ». Aussi, depuis le XVIe siècle, où les juristes le classèrent sous les dénominations de *mainmortes réelles, mainmortes d'héritage*, par opposition à la *mainmorte de corps* qui était le servage, l'a-t-on regardé comme un des aspects de la servitude. Mais ses caractères essentiels sont incompatibles avec ceux du servage, et les circonstances de son établissement ne l'en éloignent pas moins. La nature de ses caractères est, au fond, libre et *vilaine*.

1. — Mainmortes.

La déshérence hors de l'indivision familiale constitue l'attribut capital de cette conduction. On s'est trompé à son sujet en ne faisant pas attention que ce n'était point là un mode distinctif de condition civile et sociale, mais un mode économique, appliqué à l'état libre aussi bien qu'au servage [1]. Ce qui, joint à la déshérence, constitue le servage, c'est le droit de suite sur la personne en vertu de la filiation ou de faits spéciaux. Ici, la déshérence a probablement donné occasion aux termes par lesquels on désigne ces tenures et leurs tenanciers; la *main* était incapable de transmettre, et dès lors comme *morte*, tant le droit de disposer constituait juridiquement, avec la liberté de domicile, la qualité de libre. Or, dans les mainmortes *vilaines* il n'y a plus que les obligations convenues qui ont pour origine et pour fin la culture du tènement, obligations pouvant cesser à la volonté du tenancier suivant des règles de déguerpissement fixées par avance [2].

---

[1]. A ce sujet, un arrêt de 1261, *Olim*, t. I, p. 531.
[2]. La distinction des main-mortables d'avec les serfs est parfaitement indiquée par les conditions propres à certains tenanciers de cette première espèce : ainsi les *censuales* de l'abbaye de Venigarten,

Sous quelque forme qu'on les rencontre, les tenures en mainmorte ne furent autre chose que des moyens de faire profiter de l'organisation économique du servage, l'exploitation agricole par les vilains. Cela surtout quand l'affranchissement devint nécessaire et usuel. Certaines tenures très imparfaites, presque identiques à celle-là en tout ce qui, dans l'économie de cette époque, peut cadrer avec nos principes actuels sur la liberté des fonds et des personnes, règnent encore aujourd'hui dans des parties de la France. Il n'y a d'autre raison qu'elles s'y maintiennent, sinon l'inaptitude du cultivateur à affronter plus de responsabilité qu'elles n'en comportent, et aussi l'incapacité des propriétaires à rétribuer le travail autrement que par le partage d'avances et de risques qu'elles entraînent. Si l'on ajoute cette remarque à ce qui a été dit de leur formation dans les deux Bourgogne[1], on comprendra pourquoi, à des dates anciennes, il parut utile de faire durer ainsi, sous l'égide même de la liberté, l'organisation rurale que le servage avait établie.

L'indivision, plus ou moins compliquée d'autres vestiges serviles et plus ou moins limitée, forma

---

dont Kindlinger rapporte la charte aux *Preuves* de son *Hist. du Servage* (t. II, p. 220); ils devenaient *serfs* faute d'avoir payé leur cens après trois avertissements. — Cf. *Prolég. d'Irm.*, §§ 112 et 113, où M. Guérard rapproche la tenure en main-morte des institutions colonaires.

1. *Suprà*, chap. V à VII.

la loi essentielle de toutes les tenures de ce genre : *mainmortes* des Bourgogne et de Franche-Comté; *bourdelages* et *locatairies perpétuelles* du Nivernais, du Bourbonnais, de la Marche; *quevaises, mothes, taillis, domaines congéables*, de Bretagne; *colonages héréditaires* d'Alsace, etc. A cette indivision, qui assurait leur transmission héréditaire dans la famille du preneur, qui garantissait par là le bailleur contre les éventualités ou les mauvaises chances qu'il trouvait bon de détourner, la liberté de quitter l'héritage sous des conditions spécifiées correspond dans toutes; c'est l'indice positif de leur nature conventionnelle. Un grand nombre des associations communautaires de vilains appartinrent sans doute aux conductions de cette sorte.

Tantôt ces conductions furent formées par un contrat temporaire, tantôt elles furent attachées d'avance, comme loi fixe, à de certains ténements. Dans ce dernier cas, elles s'imposèrent *de facto* au colon qui vint s'établir sur ces ténements, comme à celui qui en accepta les devoirs ou les charges pendant an et jour. Ces deux manières de les constituer furent habituelles dans chaque localité où on les pratiqua. Elles ne doivent pas être prises pour la mesure des idées ou des sentiments quant à la liberté des personnes, mais bien pour la résultante des conditions économiques qui régnaient. Dunod, Bouhier, les juristes et les érudits bour-

guignons du dernier siècle défendaient certainement une mauvaise cause, socialement et civilement parlant, quand ils s'attachaient à faire durer les mainmortes dans une société déjà fort en avant d'elles; une cause que d'ailleurs les abus seigneuriaux avaient singulièrement empirée à leur époque. Mais ils étaient bien dans la vérité historique, dans la tradition de Coquille et du droit ancien, en les donnant comme l'effet « d'une loi agraire utile [1] », et les chanoines de Saint-Claude expliquaient cette utilité par son véritable motif en disant dans leurs *Mémoires* en défense : « Les parties montueuses de la province
« ont toujours eu besoin de cultivateurs robustes
« et laborieux, constamment attachés à leurs tra-
« vaux et à leurs possessions, et dont les familles,
« plus nombreuses par la nécessité de rester en
« société ou communion, fussent comme liées
« aux terres. » Les hautes et froides terres du Jura, ses sapinières immenses seraient restées désertes et stériles, si on ne les avait pas faites mainmortables [2]. A ce prix seul, comme plus tard à d'autres très rigoureux aussi dans un sens différent, la culture fut possible en une multitude de lieux.

1. Arrêt du Parlement de Besançon, dans l'affaire de Sainte-Claude.
2. La communauté de Joux fut établie sur une forêt de sapins ayant huit lieues, et qu'elle défricha. M. Clerc (*Essais*, t. I, p, 305 et suiv.) le démontre par les textes mêmes.

La nécessité a partout dicté les conditions de la tenure en mainmorte et elle s'y reflète. En Bourgogne, la déshérence fut de plus en plus affaiblie parce que l'individualité, quoique à peu près exclusivement cherchée dans l'indivision, se développa vite. Outre les descendants, la coutume revisée tint comme *communs* les collatéraux et les autres parents. Elle voulut que la séparation ne pût résulter que de faits ostensibles et définitifs; elle laissa dix années à ceux qui avaient rompu la communauté pour y revenir utilement. Dans les *domaines congéables* de Bretagne, les collatéraux sont aussi reçus à continuer la communauté (usance de Rohan); au contraire les *quevaises* ecclésiastiques du même pays les en excluent absolument. Les coutumes de Champagne, celles du Centre, pour n'être pas aussi explicites en ce point que celles des Bourgogne, ne laissent pas non plus de favoriser par des détours ces moyens de maintenir la prospérité du travail, et ces détours les commentateurs les appuient. En Bourbonnais, par exemple, c'est trente ans et non dix qui éteignaient la faculté de reprendre l'indivision abandonnée, tandis que dans les *quevaises* c'est l'an et jour seulement. Les *colonages héréditaires* d'Alsace étaient si soigneux des avantages du colon, que, prévoyant le cas où la succession tombait à un enfant trop jeune pour faire le service du fonds, ils lui maintenaient la tenure dès qu'un de ses proches voulait s'engager à cultiver pour lui [1]. En Bourgogne, en Auvergne, le tenancier mainmortable conserva l'entière liberté et disposition de ses biens personnels, meubles ou immeubles; les exigences de l'indivision et leurs suites atteignaient uniquement les biens faisant l'objet de la tenure; dans les *quevaises*, au contraire, il lui fut interdit de tenir aucune autre terre que celle où il s'était engagé.

En général, ce tenancier eut sur la superficie du fonds en mainmorte un droit plus solide que celui d'un simple preneur à bail. Dans les *congéables* il put bien toujours être évincé par le propriétaire; la règle du comté de Poher mettait même les frais de congément à la charge du colon; en fait, ce principe fut assez altéré pour qu'habituellement, en payant des *épingles* ou *nouveautés* qui proportionnaient la rente à la valeur accrue des produits, le colon restât possesseur incommutable. Néanmoins, nulle disposition légale ne fut écrite dans ce sens; ce qui n'empêche que, dans cette variété de mainmorte, la domanialité du colon sur la tenure et sur ses fruits ne fût fortement garantie. Partout ailleurs, elle fut un droit réel. On n'y voit que les restrictions suivantes : dans les *congéables*, l'obligation de ne

---

1. Statut de *Worms*, art. 2 (dans Giraud, *Histoire du droit*, t. II). Laboulaye, *Histoire du droit de propriété*, p. 459, a donné le texte d'un de ces colonages.

pas morceler la rente, le tenancier ayant la faculté de vendre la tenure; dans les *bourdelages* et les *quevaises*, de ne pas aliéner du tout, mais le *bourdelier* pouvait donner tout ou partie à rente foncière pour trente années, si c'était à un preneur vivant en communauté. Avant tout il y avait, pour condition première aux allégements, que la rente de la tenure fut acquittée de façon exacte.

En général, la mainmorte tombait en *commise*, c'est-à-dire en confiscation ou à peu près, par trois ans d'arrérages; mais la coutume de Nivernais relevait de cette pénalité le bourdelier qui soldait avant l'action possessoire du propriétaire [1]. A partir du XVIᵉ siècle, la commise pour aliénation, qui avait eu lieu auparavant, fut à vrai dire annihilée par deux dispositions de cette coutume : l'une accordant un an au bourdelier pour remettre le tènement à son premier état en résiliant la vente; l'autre qui limita la commise aux pièces démembrées; l'aliénation fut validée sous la condition que le seigneur pourrait retenir la partie vendue en remboursant le tiers du prix, s'il n'aimait mieux prendre les deux tiers de ce prix et maintenir la vente. En Bourbonnais, par contre, la commise fut encourue pour toute aliénation faite sans le consentement du propriétaire.

Partout, en tout cas, le mainmortable put quit-

---

1. Tit. VI, art. 8.

ter la tenure quand il lui plut. En Auvergne, ce fut aux conditions communes du déguerpissement; en Bourgogne, moyennant l'abandon du tiers de ses biens mobiliers, et jusqu'aux deux tiers quand sa retraite (on l'appelait là *désaveu*) était démontrée faite pour préjudicier au seigneur. Habituellement, d'ailleurs, chaque contrat particulier eut en ce point ses prévisions spéciales : dans les mainmortes des vals de Morteau et de Saugeois le tenancier pouvait, notamment, en quittant la terre, vendre la maison qu'il y avait bâtie, et on le conduisait, lui et ses meubles, tantôt aux limites seulement de la seigneurie, tantôt aux lieux mêmes de sa résidence nouvelle, tantôt l'espace d'un jour et une nuit, dans quelque direction qu'il allât[1].

En Bretagne, dans le XVIIe siècle (1611), les quevaisiens refusaient de dissoudre leur contrat, et les congéables qui dépendaient du roi, libérés sous certaines conditions de toute mainmorte par des décisions réitérées[2], évitaient de jouir de ces avantages. Au rapport de Dunod, de Bouhier, d'autres historiens récents même, des faits semblables ont eu lieu en Bourgogne; on a cité déjà souvent ce fait, contre lequel s'est tant élevé

---

1. Voir Clerc, *ubri suprà*. Cf. les *coutumes de Romain-Moutier*, dans les *Mém. de la Soc. de la Suisse Romande*.
2. *Lettres* de 1556, 1557, 1604, en vue d'accroître les droits de mutation.

Dumoulin, que des cultivateurs libres de Normandie et de Picardie, fuyant les exactions de leurs seigneurs, étaient allés en son temps chercher refuge sous les conductions mainmortables de cette dernière province. Colbert enfin constate des faits pareils chez lui. Si cette faveur, pour des situations certainement très dépendantes, n'atteste en rien leur nature libre ou non-libre, puisqu'on a vu le servage en être semblablement l'objet à cause des vices économiques de sa date, du moins peut-on y prendre la présomption que la personnalité se trouva aussi garantie, dans ces situations, que les besoins le comportaient, étant resté facile au tenancier de l'aller demander aux autres conductions libres.

Différente se montre la part d'indépendance en chacune de ces mainmortes. Si l'on voulait avoir des faits sociaux plus qu'une idée générale, il faudrait les examiner chacune sous ce point de vue spécial. Il me semble, toutefois, qu'à cet égard, on peut classer à l'échelon inférieur les mainmortes de l'Est et du Centre, au-dessus les métayages ou locatairies perpétuels, au plus haut les domaines congéables de Rohan. Dans ces derniers, en effet, outre la faculté de vendre, outre que les chances d'expulsion encourues par le tenancier, ne sont pas sans prouver une certaine force, on trouve le paiement en argent[1] ; c'est la

---

1. Pour moitié de la rente.

marque la plus positive de liberté puisque : ailleurs, elle fut tenue pour destructive *ipso facto* de la mainmorte, comme incompatible avec une entreprise dans laquelle le cultivateur n'aurait pas la complète disposition de son industrie propre et de ses fruits. En tout cas, « Argent rachète mainmorte » fut un adage commun à la majeure partie des contrées où les mainmortes régnèrent [1]. Mais des divers contrats ruraux que leurs effets sur la capacité civile du preneur placent sous cette appellation générale, aucun ne lui conférait au delà du domaine utile et des dépendances naturelles de ce domaine. Ceux qui emportaient tout le domaine utile, c'est-à-dire tout ce que le propriétaire pouvait transmettre à un tenancier sans se dépouiller totalement, selon le droit le propriétaire du fonds pouvait seul les consentir. Dans le fief donc, aucun autre que le seigneur même du sol n'eût créé légalement les mainmortes de Bourgogne, les quevaises, etc., et les principes auraient interdit au censitaire de les former en sous-acensant. Il est probable, toutefois, qu'en réalité beaucoup furent établies par ce censitaire et qu'elles restèrent néanmoins valables.

Les tenures mainmortables ont, comme la censive elle-même, tourné à la conduction. Il suffisait pour leur en donner le caractère de supprimer les

---

1. Cout. de Champagne, art. 59, et Coquille, sur Nivernais, LXIII.

conditions de déshérence et de communauté. Ces tenures devenaient alors un bail pur et simple. Sous cette forme, offrant soit au patrimoine soit à la censive des moyens de pourvoir à l'exploitation sans sortir du personnel et des conditions accoutumées, on y recourut sans doute à un certain moment. Si elles prenaient ainsi la situation d'entreprise indépendante, elles restaient affectées d'une durée qui ne dut convenir longtemps ni au bailleur ni au preneur; et si, cette durée étant de beaucoup réduite, on faisait d'elles quelque chose comme le bail à tous risques qu'on appelait *la ferme*, elles gardaient encore de leur nature primitive des inconvénients qui ne permettaient guère qu'on s'en servît davantage. Il se produisit telles circonstances, effectivement, où le propriétaire, surtout quand il était seigneur de *justice*, eut besoin de conducteurs libres à la fois de leurs efforts et de leurs épargnes, prenant les terres à leur péril, par petits lots et pour un temps qu'il pût limiter par un congé, dût-il consentir en échange à un revenu moindre. Telles circonstances aussi où ces conducteurs tenant à l'indépendance personnelle et foncière, même l'hérédité du contrat ne suffit pas à leur faire accepter la culture et où ils demandèrent jusqu'à la propriété du fonds; telles autres, enfin, où le propriétaire ne pouvant rien aliéner de sa dominité, ceux-ci étant hors d'état de rien avancer ou peu désireux d'encourir d'autres pertes que celles de leur travail d'une année et de quelques semences, la culture ne fut praticable que dans le partage plus ou moins complet entre eux des chances mauvaises et des gains. L'*hostise*, les *baillées à rente*, le *métayage* sont nés de ces différences de conditions économiques. En général, elles se produisirent avant que les faits permissent l'usage des conductions à court terme ou tout à fait libres, que pouvaient comporter les mainmortes débarrassées de l'indivision.

2. — Hostises.

Dans l'hostise (*ostise, hostisium, hospicium*), la liberté économique prend un rôle considérable, quoique les traces du servage y soient encore visibles. Elle est mentionnée par un grand nombre de textes de la seconde moitié du xie siècle [1] et du xiie. Grâce à l'irrégularité du développement social dans les diverses provinces, on la rencontre même au delà du xiiie, côte à côte avec les tenures serves et les conductions vilaines. Sa formation est quelquefois contemporaine des mainmortes, quelquefois antérieure; d'autres fois,

---

1. En l'an 1000, déjà, Robert de Béthune donne une carruée de terre à quatre hôtes «... *Apud Miræum quatuor hospitibus...* » (Ducange, v° *Hospes*.)

elle leur succède. Elle révèle cependant un degré plus haut de personnalité civile. En effet, le tenancier y possède des attributs attestant de la manière la plus évidente la nécessité de rassurer la culture par des garanties de sécurité et de profit, par plus ou moins de la responsabilité, chez l'agent, qui est seule capable de provoquer un travail actif et entreprenant.

L'origine de l'hostise ne peut faire l'objet d'un doute. Sa cause, son but, les moyens de l'établir et de l'étendre ne sont nullement dissimulés. Sous Philippe-Auguste par exemple, le comte de Clermont veut peupler un tènement et fonder le bourg agricole de « Vile-Noves-en-Hes » : il fait « crier » qu'il y donnera « frances mazures à petites rentes, avec usage au bois en la forêt de Hes. » Aussitôt les hommes des seigneuries voisines, les hommes même de ses vassaux, quittent leurs terres et vont se constituer hostes du comte « por le francise et aisément de l'ostise ». La désertion est si rapide et si sensible, que les vassaux s'entendent pour contraindre le comte à amoindrir les avantages et les libertés de ses hôtes[1]. En 1191, l'évêque de Paris fait publier la division de sa terre de Marnes en concessions hostisiales de 8 arpents à labourer et 1 pour bâtir (3 à 4 hectares environ);

---

1. Beaumanoir, chap. XXXII, n° 17.

il offre aux cultivateurs non placés (*advenæ, adventitii*) l'appât de ces sortes d'établissements; les règles civiles, les conditions économiques et personnelles en sont d'avance fixées de la manière la plus détaillée et la plus précise [1]. Très loin de ces localités, dans le Languedoc, Montauban était fondé en 1144 d'une manière analogue, pour recevoir ou plutôt pour attirer les hommes de l'abbaye de Saint-Théobard de Montoriol [2]. Presque au XIV° siècle enfin, le comte de Champagne installe dans sa « justice » de Vassy (Gasseiacum) des émigrants de la Lorraine et d'autres « poestes » environnantes, auxquels il promet de donner sûreté pour eux et leur avoir moyennant des prestations fixées, «... *ut ipse eos cum suis rebus ab omnibus adversariis tueretur, redditus illi se daturos* [3] ».

Il serait facile de multiplier les titres. Ceux-ci sont particuliers à des seigneuries distantes les unes des autres, empruntés à un laps de temps qui comprend à peu près toute l'existence de la tenure hostisiale; ils montrent donc dans l'hostise une sorte de dictée des choses, la réaction des intérêts civils et économiques contre le servage et la

---

1. Cartulaire de Notre-Dame de Paris, t. I, p. 78.
2. Olim, t. III. Le Statut de Gaillac, de 1221, est de même nature.
3. Voir l'*exposé* qui précède la charte donnée à ces hôtes en 1377. Ord., t. VI. p. 314.

sujétion, c'est-à-dire contre l'irresponsabilité et l'inertie du travail. Ses raisons d'être et son caractère historique sont par là révélés. La désertion d'une part, l'embauchage de l'autre, lui donnent naissance, parce que le serf par désir de la vie civile, le vilain à cause de l'excès des tributs s'enfuient du domaine ou de la seigneurie; ils vont chercher ailleurs une condition moins passive, une portion de fruits plus grande ou moins exposée. D'autre part, le seigneur et le domaine ont besoin de s'assurer les produits d'un travail plus stimulé[1].

L'acte relatif à Vassy ajoute à la démonstration de la première de ces causes génératrices de l'hostise; il constate la position des émigrants dans des termes qui manifestent clairement les motifs de leur fuite. Manouvriers (*exercitatores*), gens dépouillés n'apportant que leur activité, leurs bras et à qui il faut faire avance de tout; cultivateurs ayant à eux des meubles et le moyen de prendre à forfait la culture d'une certaine étendue de sol, parce que, plus heureux (*miseratione fortunæ*), le sort leur a permis de pouvoir emmener leur bétail; pauvres ou riches, c'est visiblement l'exaction ou l'anéantissement de leur individualité qui les ont chassés du lieu où ils étaient. La seconde cause n'est pas moins évidente. C'est

---

[1]. Cf. Mlle de Lézardière, 3e époque, partie 1re, liv. XI, chap. VIII, *Preuves*.

l'urgente nécessité d'accroître ses revenus en rendant le travail plus fécond, qui dicte au comte de Champagne ces offres séduisantes. Par suite de ses propres exigences, les revenus de sa seigneurie se sont affaiblis, ou bien par le défaut d'initiative né du manque d'intérêt, de l'insuffisance de rémunération chez les sujets. Le comte, en appelant et constituant des hôtes, avoue, tout au moins tacitement, la double fin d'améliorer la condition civile et la sujétion pour attacher les personnes à ses tènements, d'y changer l'économie du travail pour le rendre plus profitable.

Ce dernier but devient très apparent quand on compare l'hostise aux modes habituels dans l'état seigneurial. Au lieu de tenures à longs termes, héréditaires ou viagères, elle en donne une temporaire et mobile en principe; au lieu que le tenancier la puisse laisser à sa volonté, elle reste au contraire toujours congéable au gré du seigneur; antérieurement elle devait être travaillée par le tenancier lui-même, ne pas devenir l'objet de cessions [1], or l'hostise, elle, à l'inverse des autres conductions, facilite l'approche à tous les bras, n'exigeant ni caution ni un gage pour le service de la rente.

On voulait donc satisfaire les besoins de muta-

---

[1]. C'est l'induction qu'on peut tirer de la défense faite aux gentilshommes de tenir des hostises, tandis qu'ils peuvent tenir en censive ou sous d'autres baux. Voir Beaumanoir, chap. XLV, n° 20.

bilité et de brièveté dans les engagements. A la fois le propriétaire et le cultivateur ressentaient ce besoin partout où un certain calme et un peu de respect du travail permettaient à l'activité personnelle de s'exercer utilement [1]. On visait aussi à établir la culture parcellaire. Un intérêt plus excité de la part du colon y assurait des revenus plus élevés, et il existait pour elle un personnel toujours prêt dans la masse flottante des déserteurs de la seigneurie. A cette époque, leur œuvre était réclamée dans le voisinage des grands centres de consommation, dans les contrées riches ou avancées; en Normandie notamment, dans le XIIe siècle, l'hostise est infiniment multipliée [2]; or cette œuvre-là ne pouvait guère se développer hors de l'hostise, et les circonstances générales ne permettaient pas encore que d'autres contrats temporaires se multipliassent.

Si le désir de se donner les profits de ce mode de tenure n'était pas ce qui fit constituer en elle quelque chose approchant de la petite propriété moderne autant que le domaine utile arrive à ressembler au domaine réel, on s'expliquerait mal les hauts prix attribués aux

---

1. V. *Prolég. d'Irminon*, § 424; et *Introduct. à Saint-P. de Chartres*, sur les *hospites*. — Beaumanoir, chap. XXII, n° 10; XXXII, n° 19; XXXIV, n° 14; XXXV, n° 10, et XXXVIII, n° 12.

2. Ceci du reste a été très bien vu par M. Guérard, dans son étude sur *Le développement civil et administratif de la France*. (Bibl. de l'Éc. des Chartes, *ubi suprà*.)

donations ou aux aliénations de terres propres à des établissements hostisiaux (*ad hostisiandum*)[1]. C'était bien évidemment le mobile de l'évêque de Paris en créant ceux de Marnes. Il n'aurait pas trouvé de conduction plus propre à entretenir dans sa terre les cultures maraîchères que le voisinage du plus grand marché existant devait y rendre avantageuses. Aussi, en les constituant, interdit-il aux hôtes d'aliéner séparément l'une de l'autre habitation (*herbergagium*) et les deux meilleurs arpents de la tenure; il veut que la terre reste hostisiale toujours, parce qu'il suppose que toujours sa division par parcelles sera d'un grand profit; il eût exigé probablement davantage dans cette vue, s'il n'eût craint d'en écarter les cultivateurs que déjà, par une autre disposition, il forçait de ne vendre leur tènement qu'à des tenanciers de sa seigneurie.

L'hostise, en tant que contrat civil, appartient à la condition vilaine; mais elle retint de l'état serf des caractères qui, bien que s'effaçant jour par jour, ne l'ont pas moins entachée de servitude dans l'esprit des juristes. A cause de cela, quand la distinction de noblesse et de roture constitua une classification honorifique des personnes, ils l'interdirent aux gentilshommes, à qui ils per-

---

[1]. Particulièrement en Normandie (Delisle, *Appendice*, nos 3 et 6).

mettaient la censive, la rente, le champart. Les hôtes avaient dû, sans doute, consentir à des charges personnelles et à des services de corps qui gardaient une valeur économique au moment de leur institution, mais dont la gentillèce ne pouvait se charger sans déchoir. Beaumanoir parle, entre autres, de conditions de taillabilité très dures, qu'ailleurs que dans le Beauvoisis il leur savait appliquées [1]; à Marnes on vient de voir la faculté d'aliéner restreinte : ce sont des souvenirs positifs de l'état serf. Autrement, les attributs, les services, les contributions, les chances, tout dans l'hostise est « vilain ». Les nombreux débats judiciaires qu'elle souleva à la fin du XIIIe siècle n'en laisseraient aucun doute [2], si les termes mêmes des constitutions ne le montraient pas explicitement. Il est d'ailleurs visible qu'au moins dans le principe le seigneur de justice surtout eût intérêt à faire des hôtes; le seigneur de fief, pour changer les mauvaises conditions de ses serfs ou de ses tenanciers, avait à sa disposition les contrats du droit civil [3]. Aussi l'hôte est-il regardé, le plus généra-

---

1. Chap. XLV, n° 21.
2. V. *Olim*, t. II, pp. 14, 18, 26, 30, 98, 123, 244, 641, et t. III, p. 525, divers arrêts ou enquêtes, de 1290 à 1311.
3. Plus tard, cependant, le fief a eu de nombreuses hostises, car beaucoup des procès rapportés aux *Olim* sont soutenus par le seigneur de fief pour ses hôtes contre le seigneur justicier, qui les poursuivait d'exactions.

lement, comme propriétaire de sa tenure; la dominité utile et les facultés de vendre, de transmettre lui sont garanties par le plus grand nombre des textes, assurées au moins pour une partie quand ce n'est pas pour le tout [1].

Peut-être faudrait-il dire que l'hostise vit la première conduction à court terme et les premiers vilains pour qui la seigneurie cessa d'être illimitée. Non que la limitation fut très étendue et eût beaucoup de solidité; il manquait à cette tenure, pour cela, l'autorité du nombre et l'appui des circonstances publiques. Aussitôt que les résultats cherchés dans l'établissement des hostises étaient produits, que le cultivateur y prospérait, le fisc seigneurial reprenait sur lui ses pratiques exactrices plus aisément qu'il ne pouvait le faire sur les vilains du droit commun. C'est à cela qu'on doit les contestations si nombreuses aux *Olim*, c'est pour cela que l'hôte fuyait souvent sa tenure, comme, avant, il avait fui la servitude ou la sujétion. Le comte de Champagne fit l'acte de 1377 justement afin de retenir à Vassy le petit nombre (*paucissimi*) de ceux que les déprédations de ses justiciers n'en avaient pas encore éloignés, et il ne lui en coûte nullement de l'avouer : « *pos-« tremo vero, præpositus, famulorum suorum incita-*

---

[1]. Voir notamment les constitutions hostisiales de Senneville, en 1381 (ord., t. VI, p. 703), de Gourchelles et de Pissi, en 1202 et 1205, à l'*Appendice* de Delisle.

« *tione, legem datam sæpissime transivit, et hâc de*
« *causâ et multis aliis causis multi inde recesserunt;*
« *paucissimi vero, gratiæ meæ donum præstolantes, ad*
« *me confugerunt...* ». Quoi qu'il en soit, l'hostise fut un progrès notable relativement à la servitude, au vilainage primitif et aux longues tenures; elle fut comme l'annonce et le modèle des transformations qu'allait recevoir partout la condition des personnes et du travail.

On cessa de faire des hostises le jour où les vilains se trouvèrent assez nombreux pour fournir des cultivateurs temporaires et parcellaires au domaine. De même qu'à une certaine date on avait été impatient de les créer, on eut hâte alors de les empêcher. Cette tenure entraînait en effet le même démembrement de propriété que la censive, et elle portait atteinte à la dominité pour prix d'un accroissement de produits qu'il devenait facile de se donner par d'autres contrats. On commença donc à modifier ce contrat en y introduisant différentes conditions des louages. Grâce au principe, parfaitement établi à l'époque de Beaumanoir, que « toutes convenances sont à tenir[1] », on mêla tellement ces conditions dans celles de l'hostise, que *hôte* désigne souvent alors un tenancier ordinaire. D'autre part, on sentit aussi la nécessité d'arrêter cet embauchage des cultiva-

---

1. Chap. XXXIV, n° 2.

teurs, d'interdire les primes de désertion que les premières constitutions hostisiales proposaient ostensiblement. En 1260, le Parlement de Paris fait défense que de nouveaux hôtes soient reçus sur une terre, aux conditions qui, cent ans plus tôt, avaient paru licites [1]. Se trouvant plus en mesure de faire respecter les conventions, les pouvoirs publics s'efforcèrent de retenir le travailleur sur le sol. Non seulement ils ne permirent plus qu'il fût engagé à le fuir; mais ils frappèrent sa désertion de la déshérence qu'encourait autrefois le serf. L'*adventitius*, l'hôte, devint un *aubain* de qui les biens, par une application de la mainmorte, appartinrent soit à la seigneurie où il décédait soit au roi, et le fisc royal ne permît guère que cette pénalité restât infructueuse. On maintint ou l'on restaura les hostises existantes quand on eut intérêt à le faire; cela explique des règlements aussi tardifs que ceux de 1377 et 1381; mais on ne fit plus d'hostises. Le XIIIe siècle les vit remplacer par les baux. Il est évident du reste, par ces deux textes entre autres, que le vilainage était alors parfaitement en état d'entrer dans les louages : les *hôtes* du comte de Champagne, malgré les abus qui les ont si fort réduits, n'hésitent pas à proposer ou à subir (alternative qu'il faut avoir présente dans

---

1. *Olim*, t. I, p. 501, XXIX.

presque tous les traités du vilain avec le seigneur) que la redevance primitive soit accrue d'un tiers.

3. — Bail à rente.

Chaque portion du territoire a eu des contrats de culture plus usités que d'autres; ses besoins ou ses dispositions propres en décidèrent. Mais la cession de propriété à charge de rente perpétuelle en fut un employé partout. Ce contrat-là était translatif de propriété, c'est-à-dire du domaine direct et utile à la fois, sous la seule réserve des actions assurant le service de la rente. Il était nécessairement le fait du propriétaire, il n'eût pu émaner d'un possesseur utile comme le preneur à censive et ses ayant-droit, à plus forte raison des autres conducteurs de terre. Il supposait une entreprise chanceuse. Il est né de l'existence ou séparée ou collective de deux faits : d'une part un propriétaire pressé de mettre ses fonds en valeur, que la culture en fût difficile par elle-même ou à cause de ses charges; d'autre part des preneurs à qui le peu de garanties personnelles, l'incertitude des fruits, tous les motifs qui élèvent le prix du travail rendaient nécessaire la plus haute rémunération possible, la plus longue durée aussi, mais à qui leur situation personnelle et les temps permettaient de rechercher les risques de la propriété.

Grâce à l'ancienneté et à la fréquence de ces circonstances dans l'agronomie française, l'arrentement est un contrat rural très ancien et à la fois très récent. On le connaissait avant Philippe-Auguste et il fut d'un usage général dans la seconde moitié du dernier siècle. Indice des plus mauvaises situations de la propriété, fondé sur une avidité ou des besoins tels que le preneur se sent capable du plus excessif ou du plus rebutant travail, il dut être, après les mainmortes, le grand moyen des défrichements; il revint du reste chaque fois que, pour échapper aux tributs ou à des frais de production disproportionnés aux fruits, le propriétaire se vit contraint de chercher un revenu dans l'inépuisable fond de sobriété et de courage du vilain. Cela notamment quand le prix en fut la propriété même. Peu avant 1789, une immense portion du sol tombait ainsi dans les mains du paysan, des mains du propriétaire obligé de se dessaisir pour trouver du revenu.

L'héritage isolé, trop loin du manoir, d'exploitation incertaine ou incommode à un titre quelconque; le pâtis buissonneux; les côtes ravinées ou arides; le marais improductif et malsain, ces tènements que nul ouvrier mercenaire ou partiaire n'eût voulu entreprendre de cultiver et qu'à bon droit le seigneur déclarait inutiles à ses autres tenanciers [1], voilà ce que les uns eurent intérêt urgent à donner, les autres la témérité jamais rebutée de prendre à rente; ainsi les îles du Rhin arrentées aux émigrants hollandais dans le XIIe siècle par l'évêque de Hambourg. Ou bien le sol qu'écrasait l'exaction et dont les charges ne pouvaient être affrontées que par un abus des forces, des privations; le courage les faisait peser à la mesure d'une perspective de possession positive et largement rémunératrice. Etait-ce trop de la propriété pleine pour payer de telles entreprises? Aussi, du moment où le droit a été élevé à l'état de doctrine, revêtu dès lors de l'autorité publique, a-t-il toujours attribué ce prix aux contrats, même contre l'intention manifeste du bailleur; il a suffi de reconnaître en eux ces caractères. En Provence notamment, et bientôt partout, la jurisprudence ne cessa de tenir pour une translation pure et simple de propriété à charge de rente, les conductions que l'on déguisait sous les noms de *locatairies* ou *métairies perpétuelles*[2], de *bail à longues années*. Mazuer, qui reflète surtout l'opinion juridique des contrées intermédiaires entre le nord et le midi, déclare que le *longum tempus* est acquis par dix années [3],

---

1. «...*Incultam paludosamque indigenis nostris superfluam.*, » dit le texte. Voir Lendenbrog., *Script. rerum german.*, p. 170 de l'édition de 1609.
2. Merlin, *Repert.* et *Quest.*, *Verbis*.
3. *Pratica forens.*, tit. XXV.

et Fontanon, en annotant Mazuer, dit que c'est conforme à la jurisprudence générale.

Le bail à rente rappelle l'hostise par les circonstances où il fut formé. Celle-ci venait principalement du seigneur qui, n'ayant ni exploitation domaniale ni serfs, attirait sur ses tènements les cultivateurs de ses voisins; le bail à rente s'accorda parfaitement aux intérêts de ce seigneur quand l'hostise devint impraticable, et il fut pour le patrimoine, fief ou autre, le premier moyen de mettre en valeur les terres dont la situation ou la nature avait empêché qu'on ne le fît avec les moyens ordinaires du domaine. On a été trompé semble-t-il par une ressemblance tout extérieure, quand on y a vu une extension de la censive, devenue propriété dans la main du preneur par un progrès de celui-ci vers la libération de sa tenure[1]. Le progrès que le bail à rente atteste est un progrès général, progrès accompli bien plus hors de la censive que dans cette tenure. La censive avait toute sa force quand les baillées à rente se formèrent. Celles-ci supposent des vilains indépendants, des manouvriers assez fiers et assez sûrs de leur liberté pour ne la point vouloir amoindrir, assez confiants aussi dans les résultats de leur travail pour désirer d'en profiter seuls malgré toutes les chances défavorables dans lesquelles la propriété peut être jetée.

1. Dareste, *ubi suprà*, p. 101.

Le bail à rente (*arrentement, bail d'héritage, rente propriétaire*, etc.) eut, en effet, la première et capitale conséquence de commencer juridiquement la petite-propriété. A côté, au sein même du domaine seigneurial, il constitua non par usucapion, par force du temps comme les autres tenures, mais par le droit même de la vente, ce domaine roturier parcellaire, destiné, en fin de compte, à dévorer l'autre pour compléter dans notre pays l'individu social et l'asseoir définitivement. Au moment où le contrat fut pratiqué, il existait assurément, en grand nombre, des possessions auxquelles leur durée plusieurs fois héréditaire donnait déjà la solidité du domaine véritable ; mais il marqua le commencement de l'entière dominité juridique dans les mains du *vilain*. En lui s'est montrée dès lors l'énergie patiente, obstinée qui, de siècle en siècle, a donné à ce *vilain* la libre et si générale possession du sol, inaugurant cette vaillante et inépuisable famille du paysan de France qui a créé tant de terre arable là où les salariés et les colons se rebutaient, et qui l'a gardée ou reprise malgré les plus grands revers. Aucun contrat n'eut des effets civils plus complets, puisqu'il emportait cession du fonds même ; nul n'attribua à la possession plus de garanties, parce que le titre en fut dans la terre. Le droit du rentier, l'espèce d'hypothèque qu'avait celui-ci pour sa rente sur le tènement arrenté, servait tout autant à prouver et à conserver la propriété du preneur. D'ailleurs une faveur rare dans les contrats agricoles permettait à ce preneur de faire évanouir le droit du rentier en le prescrivant. Nul, enfin, ne plaça plus favorablement la culture, car si la rente en fut perpétuelle et irrachetable, elle resta du moins à l'abri de toute accrûe ultérieure, ce dont aucune conduction ne jouit au même degré; le moindre progrès public et personnel par où les fruits s'augmentèrent y profita au preneur seul.

L'arrentement s'effectua tantôt à prix d'argent, tantôt sous prestation de denrées ou de services. Il fut un moment en usage très général, du milieu du XIIe siècle au milieu du XIIIe, puis ne revint que par intermittences, localement, abandonné de soi dès que les rapports sociaux furent propres à mieux garantir ceux du travail. Ces bailleurs virent alors la perte qu'ils faisaient à donner le fonds même et celle, en outre, qui dérivait de l'accroissement continu du prix des choses. Comme ceux qui avaient pu prendre à rente étaient aptes à toutes les autres conductions libres et temporaires, le bail en fut toujours aussi vite laissé dans ces moments-là qu'il avait été recherché dans d'autres. Expérience décisive de l'entière liberté d'entreprise par le cultivateur, le bail à rente a probablement donné plus d'un de ses preneurs au *bail à ferme,* qui comporte la plus grande responsabilité et demande le plus d'indépendance individuelle. Le plus grand nombre, cependant, s'établit sans doute dans les tenures moins relevées du *métayage*, plus prudent parce que les frais, les gains, les pertes s'y partagent. Or la prudence a été très généralement et très longtemps la nécessité régnante.

4. — Métayages

Dans le *métayage* ou *colonage partiaire* a résidé la conduction la plus habituelle. Il occupe encore presque la moitié du territoire. Peu d'autres conductions ont moins changé. Telle que Pline la conseillait quand la production commençait à faiblir à Rome, telle que le Code[1] la recommandait au propriétaire quand on descendit encore plus bas, elle fut pratiquée au moyen âge et elle a continué à l'être. Au XVIIe siècle même, Montesquieu la vantait comme le seul contrat qui pût « réconcilier ceux qui sont destinés à travailler avec ceux qui sont destinés à jouir », et rien n'atteste mieux que cette opinion le peu de développement qu'avait reçu ou pu prendre en France l'économie agricole. A de certains moments, dans de certains lieux, il est bien sûr que le métayage dut avoir faveur parce que, tout en supposant une

---

1. L. V. *De agricol. et censit.*

liberté et un progrès économiques relatifs, il cadrait avec les habitudes de dépendance et d'infériorité auxquelles avait amené le système seigneurial. On lui laissa dépasser de beaucoup ces besoins de dominance. Tandis que sous la direction de dispensateurs plus industrieux, à l'abri des exactions seigneuriales ou fiscales il aurait offert un précieux moyen d'avancement pour le conducteur et pour la production, il est resté à peu près toujours, il est encore l'expression d'un état de choses supposant l'absence de capital chez le preneur, n'en comportant guère plus chez le bailleur ou n'exigeant de ce dernier que l'avance stricte de sa portion des dépenses. Dépenses calculées d'ailleurs sur des perspectives de rendement peu étendues.

Tout détenteur à titre utile, le censitaire conséquemment, pouvant subdiviser sa tenure sous cette forme[1], elle eut toutes raisons de se répandre. On l'affecta de durées diverses. Les métayages héréditaires ont existé partout; dans beaucoup de contrées tout métayage le fut même en vertu d'un usage incontesté, que vint fortifier de bonne heure la faculté de reconduction tacite[2]. Ceux à temps fixe se rencontrent aussi fréquemment. D'autres, qui naquirent de buts déterminés, comme les *complants* de l'ouest pour

---

1. On en a vu un exemple dans l'*Enquête* de 1309 citée *suprà*.
2. Loysel, *Inst. cout.*, liv. III; tit. VI, x.

l'extension de la vigne[1], eurent une durée à peu près uniformément calculée sur la spécialité de leur fin. Il régna de même une très grande variété dans la quotité de fruits à laquelle eut droit chaque associé, aussi dans l'apport de chacun; les lieux, la position respective des contractants, la nature de la culture, des circonstances accidentelles en un mot restaient partout la cause décisive de ces différences.

Par la seule modification de ces parts respectives dans l'association, beaucoup de métayages ont passé au simple louage, c'est-à-dire aux conductions ayant plus ou moins le caractère d'entreprise de la part du preneur. Où la métairie se transforma en une tenure qui dut une portion de fruits soit inférieure, soit supérieure aux frais de culture, mais préfixée, le fermage évidemment avait pris naissance. Les conductions à tiers, à quart de produit, dans lesquelles le propriétaire ne fit aucune avance ni n'encourut aucun risque, les *champart*[2], *terrage*, *agrier*, qui paraissent nés plutôt du fisc seigneurial que du domaine, se répandirent par imitation comme contrats, mais leurs caractères font d'eux, à tout prendre, des baux à ferme.

---

1. Ducange, à ce mot, en rapporte de très anciens, intéressant le Poitou, le Dauphiné, le Limousin. On les y trouve encore usités au XVIe siècle.
2. *Campars* de Beaumanoir.

5. — Bail à ferme.

Par ce contrat le preneur court toutes les responsabilités, fait toutes les avances, ne doit qu'une somme numéraire ou une quantité de fruits préfixés. Les plus brèves comme de très longues possessions s'y sont prêtées de même, des héritages minimes comme de grands tènements, toutes les subdivisions du domaine aussi bien que la totalité.

Occupant le plus haut degré des conductions rurales fondées sur la translation du domaine utile, le bail à ferme ne se montre que très exceptionnellement employé avant le milieu du XIIIe siècle. Cela, encore, dans les parties de la France où l'agriculture s'est développée le plus tôt et où, depuis, ce contrat est resté habituel. Ainsi ne le voit-on commun en Normandie que vers 1250[1]. A la même époque, les riches archives du Maine en signalent quelques exemples, le premier remontant à 1234, mais dont les autres touchent à la fin du siècle, 1277, 1284[2]. Le plus ancien qui soit rapporté dans le volumineux recueil de titres que D. Fonteneau a dressé pour l'Aquitaine,

---

1. Delisle, p. 52,
2. *Archives ecclésiastiques de la Sarthe*, dans l'*Annuaire* de ce département, années 1849 et suiv.

est de 1254; Delaurière n'en connaissait pas d'antérieur à 1287 [1].

Les louages de cette nature sont nés plutôt d'une manière particulière d'entendre la production rurale, en certaines contrées, que du besoin de rendre les engagements courts et muables. En effet, ils ont eu aussi leur époque des longs termes, leurs tenures viagères, l'hérédité tacite. Les anciens *main-fermes*, *fief-fermes*, *vavassoreries* du pays Chartrain et de Normandie, les *baux héréditaires* d'Alsace sont, entre autres, de purs baux à ferme sous des conditions soit d'aliénation soit d'irrévocabilité dictées par des habitudes ou des besoins de lieu et de temps [2]. Seulement, l'amoindrissement de la durée a peut-être paru utile de meilleure heure dans les baux à ferme que dans les autres louages, car aux dates que je viens d'indiquer, la durée usuelle de ceux qu'on rencontre varie de une à quinze années. A cet égard, bien plus, on est tombé dans l'excès en favorisant d'une manière spéciale, en enjoignant même quelquefois les très courts termes, tant la propriété était craintive vis-à-vis du cultivateur, et celui-ci peu assuré de sa propre réussite. On a restreint par là, longtemps, l'usage de la ferme aux très petites exploitations, aux héritages détachés. Comme grande

---

1. Sur la *Règle* 505 de Loysel.
2. Cf. *Introd.* au *cart. de Saint-Père de Ch.*, § 1229 et suiv.

entreprise de culture elle ne se montre guère, antérieurement au dernier siècle, hors du domaine royal ou des biens ecclésiastiques.

Le bail à ferme est aussi le contrat que les stipulations ont marqué le plus tôt du caractère mercantile. Ce fait et le précédent s'expliquent tous les deux par la même raison. Naturellement imaginé là où les échanges étaient actifs, étendus, où les denrées s'écoulaient vite, où le capital-argent se formait; supposant des preneurs bien pourvus, possesseurs de bétail, d'instruments, d'avances, le fermage devait le plus tôt abandonner les stipulations fondées sur des situations moins avancées ou contraires. Mais c'est aussi pourquoi il est resté exceptionnel en France, les situations et les preneurs qui lui convenaient s'y étant trouvés trop peu souvent et trop peu longtemps en grand nombre.

J'ai dit plus haut que la rente foncière avait pu passer au bail à ferme; il ne faudrait pas penser que ce fût ordinaire. Dans la rente étaient les petits, les *minores, minimi* des textes, les *pauperculi* de Varron, les *pauvres laboureurs* de bras qu'on voit figurer aux Ordonnances; l'humble famille en un mot, riche surtout de besoins, mais aussi de force, d'espoir, de patience. Le très petit nombre dut trouver en cela assez de moyens ou d'audace pour affronter le fermage. Aussi ce contrat s'est-il fait tout de suite des démarcations géographiques correspondantes aux conditions qu'il demande. Les causes qui ont maintenu presque constamment ces conditions aux lieux où elles s'étaient d'abord produites, outre celles qui rendirent lents les progrès du cultivateur dans quelque conduction qu'il se trouvât, ont fait que la *ferme* n'a pas, de longtemps, dépassé beaucoup ses premières limites. Elle resta comme inconnue au-dessous de la Loire, elle fut presque essentiellement propre aux provinces septentrionales; dans celles-ci, même, elle n'atteignit jamais un développement comparable à celui des autres conductions. Jusqu'à une époque peu ancienne, ce contrat eut d'ailleurs à lutter contre une législation aussi défiante et injuste à son égard, que l'agriculture était peu en état de le produire, donc une législation peu portée à le faire rechercher. Il faut arriver au XVIe siècle pour que les engagements et les baux émanés du vassal ou d'un premier et principal preneur restent obligatoires au suzerain ou au propriétaire, en droit du moins sinon en fait. Il faut arriver plus près de nous encore, pour que ces exigences puissent être imposées à l'acquéreur ou à ses héritiers, conditions sans lesquelles il n'y avait réellement pas de ferme tenable.

CHAPITRE XXI

ÉCONOMIE PUBLIQUE

Tels ont été, dans l'ensemble, les contrats à la disposition des vilains de tout degré qui appliquèrent leur activité à la production, telles furent les circonstances qui les portèrent à les rechercher ou à les accepter. Des usages pratiqués et des réglements qui sanctionnaient leur empire, constituèrent une sorte d'économie publique sous laquelle ces contrats eurent leur cours, et le travail individuel vilain leur dut des éléments de force, les premiers de ses moyens, plus d'une fois, les meilleurs.

1. — Dépaissances, usage en commun.

Avant tout, la faculté de jouir en commun de toutes les végétations spontanées fut reconnue comme un droit naturel, primordial. De cette faculté découla bientôt celle d'utiliser pour soi toute terre sur laquelle ne pendait aucun fruit dénotant le travail, c'est-à-dire révélant une occupation antérieure. A une date où la personne s'était déjà passablement assujetti le droit civil, Covarruvias sanctionnait ce double attribut du cultivateur dans cette maxime : « *Potest quisque « facere in alieno fundo quod ei prodest, et domino « fundi non noceat* [1] ». Dans l'esprit des juristes, la maxime a été pleinement légitimée bien plus tard encore par l'intérêt public. Que rien ne demeurât inutile était devenu leur loi. « *Si non mitte- « rentur animalia, herba fieret inutilis* », répond déjà quelque part Faber à ce propos. Delaurière écrit trois siècles après [2] : « Dès que les fruits sont « enlevés, la terre, par une espèce de droit des « gens, devient commune à tous les hommes « riches ou pauvres. »

Cette co-possession des végétations naturelles s'exerça le plus communément par le pâturage. Les terrains incultes, les forêts, le sol cultivé une fois la récolte prise, furent son domaine. On eut d'abord pour règle générale que, dans ce domaine, serfs et libres, le cultivateur de toute condition et de tout degré participassent comme dans un apanage incontestable, et qu'on ne pût y soustraire son héritage propre qu'en le fermant de clôtures impliquant renonciation pour soi à une part proportionnelle de dépaissance. Tout cela était encore en vigueur il y a peu d'années, et de règle

---

[1]. *Questions*, chap. XXVII.
[2]. Sur la *Règle* de Loysel : « *Pour néant plante qui ne clôt.* »

générale. Mais des causes multiples, tantôt locales tantôt provenues des préjugés agronomiques, greffèrent sur cette règle des séries de prescriptions. On interdit de clore au delà d'une étendue déterminée; on fixa des moments pendant lesquels la clôture même ne pouvait préjudicier à la dépaissance; on arriva ainsi, aux dépens de la propriété privée, à en créer une publique à l'usage de ceux qui n'en avaient point ou pour qui le salaire ne suffisait pas. De là viennent les dispositions des coutumes touchant le bois mort ou tombé, la jouissance des fruits des forêts (*glandée, panage,* etc.), le glanage après moissons, le grappillage à vendanges. Droits ayant eu chacun, suivant les contrées, plus ou moins d'intérêt, d'extension en conséquence. Dans une de celles où ils importèrent le plus, Basnage, très loin de l'époque qui les vit naître, les approuvait, à sa date [1], se bornant à remarquer à leur sujet que « l'intérêt public avait prévalu sur la liberté des particuliers ».

Ces droits ont été ou entièrement libres ou subordonnés à des redevances. Cela dépendit des conditions locales, du seigneur, des individus ou des populations qu'ils intéressaient. Ils jouent un grand rôle dans l'histoire des populations rurales et du domaine agricole. Anciens déjà au XIIIe

---

1. Sur l'art. 82. de la *Cout. de Normand.*, représentant le chap. VIII de l'*Ancienne coutume.*

siècle, ils suscitent alors partout des débats ou des transactions, et par là-même ils se multiplient, se consolident, se compliquent. Dans de certains pays leur utilité dicte des règlements complets aux seigneuries, à la coutume générale, aux lois municipales; par exemple en Provence pour le pâturage des Alpes et des Crau[1]. Au siècle suivant, la *Somme rural* est parfaitement autorisée par les faits à considérer le *commun*, c'est-à-dire le copossesseur de ces diverses jouissances, comme un véritable propriétaire, qui est intéressé au bornage au même titre que le possesseur même des fonds[2]. Il n'y aura pas lieu de s'étonner que la législation du XVIe siècle leur accorde une place considérable, ni qu'au XVIIIe ils occupent encore des plus graves et des plus ardentes controverses et contestations tous les ressorts judiciaires.

C'était une sorte de dot privée, au sein du domaine public. Le cultivateur la trouvait en abordant l'œuvre agricole. Les familles vilaines pauvres, les nouveaux affranchis y avaient créé dans l'élevage du bétail une industrie par les *commandes de bestiaux*, par ces *contrats de cheptel* où commença tant de fois le patrimoine mobilier, l'*avoir* sur lequel le serf comme le

---

1. Voir les *Statuts de Provence* (1235, Arles, Salon, les *Privilèges d'Apt*) dans Giraud, *Hist. du Droit*, t. II.
2. Tit. LVII, Des bornages.

libre s'étaient patiemment élevés à la propriété foncière[1]. Etant ainsi le premier levier des intérêts, ces jouissances communes devenaient un auxiliaire pour des exploitations même non minimes. Ici la faiblesse de l'agronomie, ailleurs le peu de certitude des récoltes en présence des troubles publics et des violences, les rendaient d'autant plus précieuses. Elles étaient le terrain de fréquents litiges, parce qu'on devait chercher à assurer par elles le succès des entreprises. Au prix qui s'y attache encore maintenant dans les sols et les climats pauvres, on peut mesurer celui qu'elles avaient aux époques où le sort qui y est encore aujourd'hui celui de la culture, était alors le sort à peu près général.

2. — Tarifications, maximum, prêt d'argent.

Depuis les derniers temps de l'Empire jusque très avant dans l'époque moderne, on a tarifé le prix des denrées de consommation nécessaire, la valeur des marchandises d'utilité générale. Dans le but de garantir la liberté de l'échange, l'équité dans les rapports de vente et d'achat, ces taxations furent de bonne heure, une doctrine et la doctrine a duré. L'inégalité sociale, l'imperfection

---

[1]. Sur les cheptels, Cf. Delaurière, *Glossaire*. V°. Commande de bestiaux; Troplong, Préface des *Sociétés*.

des transports, les causes nombreuses qui compromettaient les entreprises étaient présumées permettre, même faciliter à l'offre et à la demande quelles qu'elles fussent, d'abuser l'une de l'autre. On substitua donc des prix imposés, la vente obligatoire, le travail forcé aux conventions débattues, aux rapports naturels de commerce et d'industrie. Au moyen âge, Cassiodore a fait, le premier, une théorie scientifique de la nécessité de ces règlements, et fait à la fois de leur application une œuvre gouvernementale. Charlemagne non seulement l'imita, mais prit lui-même activement sa suite. Sa tradition, rouverte par Philippe le Bel, n'a guère été abandonnée pendant les cinq siècles de l'administration monarchique.

Soit à l'exemple du pouvoir public, soit conduites par les circonstances, presque toutes les seigneuries et comme elles les municipalités, pratiquaient les taxations. Au XIIIe siècle, il n'y a guère de charte de coutume ou de communes qui ne protège l'un ou l'autre des produits locaux contre l'importation, qui n'établisse ainsi un maximum pour le prix de certaines denrées ou de certains ouvrages, qui ne règlemente d'une manière minutieuse les industries, les métiers, les services d'un besoin usuel et public. Les *statuts* méridionaux entre autres sont abondants en cela [1].

1. On peut voir sur les irrigations, le dépicage, etc., celui d'Arles en particulier, dont la rédaction embrasse plus d'un

En chaque lieu, d'ailleurs, les prescriptions et les prix diffèrent. Ils correspondent aux habitudes, aux idées, aux conditions ou aux convenances spéciales. Ce n'est pas de l'économie publique telle qu'on peut l'entendre aujourd'hui, surtout en matière agricole; c'est matière privée tant que la seigneurie n'est pas subordonnée à l'État; il existe des circonstances semblables, on y pourvoit de proche en proche d'une façon analogue à mesure qu'elles se manifestent, tout en le faisant avec la plus grande diversité dans le détail. La législation royale commence alors à prendre quelque autorité en ce qui intéresse le travail des terres. S'inspirant de vues générales à raison de besoins partout ressentis, elle pénètre les seigneuries voisines, sous une pression morale plus forte que les résistances ou la coutume. Toutefois, jusqu'aux abords du XIVe siècle elle n'a d'effet, hors de la *poeste* du roi, que par imitation restreinte. Quand, par exemple, en 1276, le roi abolit en Vermandois la faculté, auparavant usuelle, de renvoyer à trois jours après moisson l'exercice de la vaine pâture; lorsque, en Parlement, il supprime (1265) certaines redevances affectant les produits du sol [1], ces mesures ne sont obligatoires que dans sa seigneurie propre.

---

siècle (de 1162 à 1302), art. 53 à 59, dans Giraud, t. II, de l'*Histoire du droit français*.

1. Voir *Olim* (parlement de la chandeleur), et *Ord.*, t. I, p. 312.

A la seule matière du prêt d'argent à intérêt s'appliqua une loi générale. Moyen souverain des échanges, âme des rapports sociaux, le prêt avait une utilité partout semblable. A son sujet le pouvoir religieux, à défaut du pouvoir civil, avait fait régner une prohibiton constante. L'Église donnait ainsi la sanction d'une loi morale à la nécessité admise de tarifer ou réglementer les divers trafics. La grande disproportion que mirent tant de fois les choses entre les risques du prêteur et l'avantage de l'emprunteur ne légitima que trop souvent, même au seul point de vue de l'utile, cette prohibition dogmatique de l'intérêt, appelé *usure* d'argent[1]. Seulement, l'absolu était là trop loin du vrai pour que les faits s'y pliassent totalement. Il fut donc livré à la défense du prêt à intérêt un combat continuel, souvent victorieux, quoique détourné ou secret. Les usures plus ou moins déguisées des communautés ecclésiastiques sur la *gentillece*, qui ont été tant poursuivies par les anciens juristes, celles qu'exerçaient les bourgeois des villes sur les campagnes, celles que tantôt la législation commanda aux juifs et que tantôt elle condamna, constituèrent le crédit vicieux que devait engendrer cette lutte des besoins contre des prohibitions mal mesurées.

1. On peut juger des avantages de cette prohibition au moyen âge, quand on la voit réclamée, comme un remède urgent, par les Intendants de province, après l'époque désastreuse de Fouquet. — V. *Correspond. administrat. sous Louis XIV*, p. 145.

La production était surtout agricole. Dans le domaine agricole se concentraient donc essentiellement les intérêts et les besoins. On le voit aux préoccupations des juristes, aux textes des Ordonnances. Des deux parts, attention presque exclusive aux contrats de prêt que ces besoins faisaient former. Les dispositions des anciennes coutumes s'y réfèrent en partie, et c'est contre ces contrats, contre leur fréquence, à cause de leurs effets sur l'économie rurale, que les canonistes formulent principalement leurs anathèmes[1]. Partout s'attestent les détours que prenait la culture pour contracter ces emprunts et combien ils étaient usuels au petit cultivateur. C'est pourquoi le *Règlement des usures juives* de Philippe-Auguste interdit de prêter au laboureur de bras (« *Agricolæ qui non habent hereditates vel mobilia undè possent sustentari nisi propriis manibus* »), de prendre à gage ou de saisir les charrues, le bétail, les ustensiles d'exploitation, les blés non vannés[2]. Dans le fait, c'était la petite propriété et la petite entreprise, qui avaient à passer les marchés, onéreux, trop souvent spoliateurs, dans lesquels la brièveté de l'échéance,

---

1. V. la *Summa pastoralis* de Raimond de Pennaforti, dans le *Catalogue des Mss. des Bibl. des dép.*, t. I, p. 621. — Cf. entre autres coutumes, l'*Ancienne cout. de Normandie*, chap. XXI.

2. *Ord.* de 1218, art. 1, 4, 8, 9 (t. I, p. 35 de la collect. du Louvre).

au lieu d'être un motif de leur gratuité, devenait au contraire un moyen d'usure[1]. Les « prêts à semaine », ceux « à petit terme, comme de Noël à Saint-Jean », « les avances de soile (seigle) au « besogneux al temps d'esté pour rendre fourment « après aoust », les « promesses de journées », les ventes anticipées et les ventes à terme de la récolte, les cheptels de « bestes de fer », tous ces contrats si soigneusement examinés par Beaumanoir[2], toutes les stipulations mensongères qu'il se refuse à relater et à débattre dans la crainte d'en donner l'idée ou le modèle, mais dont les vieilles *Enquêtes* du Parlement laissent apprécier les désastreux effets[3], c'est sur le *vilain*, tenancier ou autre, qu'ils portaient. Non moins que depuis, du reste, la réprobation complète de l'intérêt d'argent multipliait ces conventions abusives parce qu'elles obligeaient à le cacher sous elles; mais on doit à la nature alors fractionnée de l'œuvre rurale de les rencontrer à son sujet,

---

[1]. L'usage où l'on a été longtemps de compter les intérêts à la semaine, usage si favorable à l'usure, a dû venir des emprunts agricoles.

[2]. La *Summa pastoralis* attribue notamment le *contrat des beste de fer*, où le cheptelier encourt toutes les pertes, au petit exploitant, « *pauperi mediatario* ».

[3]. M. Depping (*Les Juifs au moyen âge*, p. 480) en rapporte une dressée à Vitry à l'occasion d'usures exercées par petits prêts sur environ une centaine de cultivateurs ou artisans, et qui, dans un laps de vingt années, avaient prélevé sur eux la somme de 844 livres 9 deniers.

plus fréquemment, que d'autres prêts plus importants.

L'entreprise agricole n'ignorait pas absolument les mort-gages, les rémérés, les constitutions de rente; cependant ces formes imparfaites du nantissement et de l'hypothèque n'allaient pas à ses proportions. Les contrats portant sur des sommes minimes se montrent le plus dans les textes, comme, depuis un temps très ancien, on voyait les grandes exploitations en minorité sur notre sol. Ce crédit gêné chercha sans cesse des détours pour échapper aux risques que les troubles publics et les prohibitions lui créaient. D'autant plus exigeant qu'il était sollicité par des emprunteurs moins pourvus, il éleva son intérêt entre 30 et 50 °/₀ dans les simples prêts[1], et entre 8 et 20 °/₀ dans les constitutions de rente[2]. C'est à ses hauts prix qu'il faut attribuer que, dans tant de chartes, le seigneur s'assure un crédit d'une autre sorte en se réservant d'acheter par préférence les denrées des sujets ou des tenanciers, sans être tenu de les payer avant 15 ou 20 jours[3].

On ne saurait guère préciser le degré d'utilité

1. L'ordonnance précitée de 1218 fixe le taux des usures juives à 2 deniers la livre par semaine, soit, sans capitalisation des intérêts, 43 °/₀.
2. Voir dans M. Delisle, p. 214, un tableau très détaillé du taux des constitutions de rentes en Normandie.
3. Cf. Renauldon, p. 245.

qu'eut, pour les *vilains* du moyen âge, un crédit ainsi constitué. On voit cependant, par le grand nombre de contrats ou de litiges qu'il occasionne, par la législation si déplorablement mobile et peu honnête relative aux prêts juifs, que tout difficile et onéreux qu'il dût être, ce crédit ne fut pas moins très recherché. On ne pouvait pas n'en avoir point besoin, en effet. La preuve, c'est qu'à côté de ces emprunts vicieux l'histoire retrouve les traces d'institutions locales attestant que la notion des avantages du prêt à l'œuvre rurale n'était pas inconnue. Telle était l'espèce de *caisse* du fief de Saint-Marcouf, en Normandie, fondée sur la capitalisation annuelle d'une part fixe des revenus agraires. Sur ce capital accru sans cesse, elle ouvrait, pour un intérêt uniforme, un compte aux tenanciers [1]. En tous cas ne faut-il pas douter que si la nécessité du prêt à intérêt fut assez ressentie, au moyen âge, pour qu'on s'y exposât avec si peu de sécurité et qu'on le payât si cher, les emprunteurs ne se soient bien trouvés, souvent, de s'abriter sous la proscription dont l'Église et la jurisprudence ne cessèrent guère de le frapper de concert.

---

1. M. Delisle, dans son chap. *du Crédit*, a amplement fait connaître cette institution d'après un acte de 1226 qui la supprime. L'argent était prêté à 33 % aux tenanciers. On trouve là une des applications probablement les premières du système de crédit seigneurial, mis en pratique de nos jours en Allemagne et en Écosse.

CHAPITRE XXII

OBSTACLES ET CHEMINEMENT

Une autre condition commune, outre celles procurées par les conceptions économiques dont il vient d'être question, engloba sous ses effets l'activité, les entreprises, les intérêts des vilains. Ce furent les troubles et l'abus dont il a été parlé déjà. Ces obstacles ont tenu infiniment de place dans l'existence *vilaine*. Inhérents en grande partie aux choses mêmes, ils étaient bien prévus dans une mesure, ils ne pouvaient l'être dans toute la mesure. Une foule de textes témoignent d'eux, nombre de pages de l'histoire les retracent, ils ont été profondément écrits dans le souvenir public; mais on en trouve plus aisément l'attestation que n'est indiquée leur proportion exacte. Ils dérivaient des droits excessifs qu'eut la classe dominante, d'habitudes défiant par suite la plus visible utilité de sa part. Contre ces raisons d'être nulle prévision n'était suffisante, nul recours vraiment efficace.

A dire que dans l'ancienne France la prédominance de la force sur le droit fut le fait ordinaire relativement au travail, on est tout près de la vérité. Cela, non pas dans les époques primitives seulement. A la fin du XIIIe siècle, textes, décisions juridiques, apparences générales semblent attester l'institution de garanties sérieuses; mais la manière dont ces garanties se présentent, les termes dans lesquels on les formule, la fréquence des prescriptions comminatoires ou répressives, laissent voir quelle action timide et quels faibles effets étaient les leurs. Le plus grand nombre des solutions données par les juristes sont plutôt des conseils ou des appels au sentiment du juste, que des décisions formelles. De Fontaine, on se le rappelle, fait reposer sur la seule conscience du seigneur le droit du vilain; Beaumanoir, qui eut certainement de ce droit une notion plus élevée et plus ardente, qui s'employa davantage aussi à la répandre et à modifier par elle les situations, en est réduit là dans les moindres questions mettant en jeu l'arbitraire seigneurial [1]. Or, ces mêmes faits abusifs poursuivis avec si peu d'efficacité sous saint Louis, les documents en rendent témoignage beaucoup plus tard encore. Ç'a été comme une tradition,

1. Voir chap. XXX n°s 72, 74; chap. XXIV *passim*. A propos d'une question de transport du champart, il dit notamment : « Il « n'a pas très bonne conscience qui lève amende de coze qui n'est « pas faite malicieusement, tant soit ce qu'on peut lever par cous- « tume en plusieurs cas; » cette protestation toute morale est seule son argument décisif.

dans la seigneurie, de tenir l'œuvre rurale pour sûrement productive en soi, qu'elle fut respectée ou non, par suite pouvant être indifféremment violentée ou bien l'objet de profits abusifs. La législation des Ordonnances présente à cet égard l'acte d'accusation en quelque sorte permanent du monde seigneurial. Malheureusement ce vice, emprunté au fisc exacteur de l'Empire romain, s'enracina si profondément que lorsque les rois furent parvenus à l'amoindrir, ils en usèrent sous d'autres formes à leur tour, et d'une façon tout aussi funeste aux intérêts.

Une fois que l'on s'éloigne de l'époque à proprement parler féodale, on n'a qu'à de rares exceptions le bonheur de rencontrer des lieux et des moments où, comme Montesquieu le croyait, « chacun s'attacha à faire fleurir son petit « domaine ». Il a été expliqué que la culture trouvait dans le fief des garanties de tranquillité, parce que c'était un de ses buts essentiels. Mais dès que les attributs de fisc s'y furent introduits, les dispositions natives, la nature des rapports, le peu de force des pouvoirs publics se réunirent pour favoriser les actes dévastateurs. Les vicissitudes publiques y portèrent de soi à partir de Philippe VI. La noblesse, se jetant définitivement dans les luttes politiques, s'éloigna progressivement de la sphère du travail. Elle perdit de vue les labeurs, les inquiétudes, les difficultés qui s'y trouvent, ne se souvint plus que des tributs à en tirer. C'est vainement qu'on a reproché plus d'une fois, depuis, ce mépris du droit aux classes sur qui reposait la production. Froissard dit sans détour : « Ils travaillent leur peuple à volonté, ce « que du temps passé ils n'osaient faire à cause « de leurs rentes et revenus; » la seigneurie ne changea pas pour cela ses pratiques. Elle vit à différentes reprises les Flandres, tranquilles et riches, les campagnes riantes et productives d'Italie; loin d'y avoir appris les ménagements auxquels cette richesse était due, ils n'en rapportèrent qu'un amour effréné du faste, de nouveaux besoins, moins de mesure encore dans leurs abus, un art plus grand pour surprendre toute augmentation des fruits, tout exhaussement des conditions générales. Nombre d'actes ont pour texte ces procédés destructeurs.

Telles étaient les mœurs, que ces procédés servaient de fond aux amusements même. Dans les *Fabliaux*, on dirait que le monde seigneurial en fait forfanterie. Quel autre nom donner à ce *Dict de Berlin Mellot*[1], par exemple, rappelant ces tristes réalités dans un récit railleur : un laboureur enrichi et monté au plus haut point que vilain puisse atteindre, ayant fait son fils évêque, sa fille épouse d'un prévôt, et lui tom-

---

[1]. *Recueil Jubinal*, t. I, p. 128.

bant, au plus beau moment, dans la ruine par une levée de tailles du seigneur. C'est le tableau trop souvent et trop longtemps fidèle de l'existence des vilains. On voudrait vainement croire moins habituel ce mépris des campagnes, moins communes ces « violences sur le peuple » stigmatisées par Froissart. On mettrait de côté, comme excusé par l'anarchie générale, le temps où plus d'un de la *gentillèce* conduisait ou soldait les *Compagnies* pillardes qu'un règne s'est illustré à détruire, celui où des plus éminentes familles sortaient les héros de brigandage baptisés, *écorcheurs, houspilleurs, tondeurs*, du nom de leurs exploits ; il resterait toujours ce fait, patent dans l'histoire, que les seigneurs français, en se rendant coupables à toute époque des excès dont le spectacle révoltait encore le fils de Louis XIV[1], n'ont qu'à trop de reprises justifié le reproche que leur adresse Henri III, « d'avoir, quoique gentils-« hommes, commis autant et plus de pilleries « que les estranges et vagabonds. » C'est contre eux surtout qu'était écrit, en considération de ce qui avait été dit aux *États*, l'article 284 de l'Ordonnance de Blois (1579), prescrivant de « ... faire « informer diligemment et secrètement contre « ceux qui, de leur propre autorité, ont osté et « sostrait les lettres, titres et autres enseignements

---

[1]. *Écrits de monseigneur le duc de Bourgogne*, t. II, p. 68 notamment.

« de leurs subjects pour s'accommoder de com-
« munes (*droits d'usages, communaux*, etc.), dont
« ils jouissaient avant, ou, sous prétexte d'accord,
« les ont forcez de se soumettre à l'avis de telles
« personnes que bon leur a semblé.... [1] »

Le développement social de notre pays s'est, presque en tout, ressenti de ces précédents. La lenteur du progrès politique, ses procédés révolutionnaires y prennent leur cause principale. Dans une mesure, également, l'infériorité relative où a été l'œuvre rurale en France. Ils ont créé à la classe vilaine tant de traverses que, même à des dates presque récentes, sa condition semble être moins l'état juridique dont les décisions ou les lois témoignent, qu'un compromis continuel entre l'extrême limite de ce qu'il lui fallait de liberté, de paix et de rétribution pour faire vivre la société en vivant elle-même, et les exigences ou les extorsions, parfois les ravages de maîtres de plus en plus dépensiers, poursuivis de besoins, exigeants, par suite, jusqu'à la spolier même. L'inégalité présidant au débat, on a peine à s'expliquer que, voire à la longue, le développement se soit produit.

A la vérité, grande est l'endurance humaine. Il faut dire que tel étant le milieu social, le sort commun en conséquence, on ne doit peut-être

---

[1]. Édit du 1er février 1574.

pas attribuer à ces empêchements autant de portée qu'on le supposerait. L'abus du fisc seigneurial et la violence n'eurent sans doute pas la simultanéité à laquelle ferait croire la fréquence des exemples. C'est localement, en effet, et à dates éloignées que les vilains s'insurgèrent contre les empêchements jetés dans leurs labeurs, ou qu'ils s'en plaignirent avec quelque ensemble. Du moins la classe vilaine a, somme toute, fait tourner le compromis à son profit. Elle est finalement sortie plus forte des traverses qui l'ont assaillie, prête à des entreprises plus osées, à même de les faire mieux respecter en elle. Toutefois il y a beaucoup de raisons pour tenir comme rempli d'autres obstacles que ceux de la nature et du sort commun, le travail de la production sous le régime de la seigneurie. Il est sans doute à reconnaître qu'à cause du besoin, qu'eut du travail et de la production, pour son existence, une société prodigue de sa vitalité comme le fut celle du moyen âge, le trouble et le désastre furent compensés graduellement, pour les vilains, par des avantages en droits sociaux; on n'apprécierait cependant pas à ce qu'il valut cet aboutissement heureux, en oubliant combien de vicissitudes et de peines représente en eux le mérite d'avoir traversé sans y périr ces causes de découragement. L'avancement progressif sous la domination seigneuriale dont elle était dépendante, la classe *vilaine* l'a dû par dessus tout à la patiente et valeureuse ambition du mieux. Que les plus mauvaises situations même aient été impuissantes à l'abattre dans la poursuite de sa pleine indépendance, c'est à cette vertu qu'elle en a été redevable, plus qu'aux encouragements du droit et aux concessions qui lui furent parfois offertes.

Aux approches du xve siècle, les vilains du moyen âge touchent au point où leur condition personnelle va se trouver définitivement liée aux intérêts publics. Mon plan, ici, n'a pas été de les suivre plus loin que ce point-là. Après, on les voit aux prises avec les fortunes successives du développement national. Ils continuent la lutte et les conquêtes dans le mouvement des faits politiques. Ils continuent jusqu'à ce que l'état social prenne enfin pour fondement la large et définitive assise de l'égalité civile absolue et du droit absolu de posséder. Il y aurait là l'objet à soi seul d'un autre ouvrage, et cet autre ouvrage serait aujourd'hui presque une nouveauté. Dans le désordre de critique sociale de ce moment-ci, dans la régression d'idées qui s'y marque, les enseignements qui ressortiraient de la synthèse à faire auraient de l'opportunité. A l'époque où je regardai pour la première fois au sujet du présent volume, j'essayai de tirer des faits ces renseignements. Mais s'il y aurait, semble-t-il, quelque utilité à reprendre ce travail de synthèse et à y apporter la précision, ses proportions dépassent le cadre que je me suis proposé de remplir actuellement. D'autres que moi recommenceront quelque jour cette tâche; rien du travail antérieur ne se perd. On s'étonnera, alors, de la réaction sous laquelle auront été momentanément éclipsées les données, on eût dit bien définitives, qui en étaient provenues. Il est vieux comme le monde qu'au bout d'un temps le passé cherche toujours à se refaire, tandis que les résultats acquis semblent n'avoir pas besoin qu'on les défende. La revanche arrive néanmoins; c'est le secret de plus d'une lutte ultérieure.

TABLE DES MATIÈRES

Avant-propos.................................... V à VI

CHAPITRE PRÉLIMINAIRE...................... 1

  1. Servitude et dépendance?................... 4
  2. Esclavage — Colonat — Servage............ 11
  3. Le colonat par rapport à l'Esclavage......... 16
  4. La Seigneurie, personnes et choses........... 27
  5. Personnes et choses quant à la possession...... 34
  6. Institution seigneuriale..................... 42
  7. Les intérêts sous la Seigneurie.............. 53

LES SERFS

CHAPITRE I
Caractères propres et origine probable............ 64

CHAPITRE II
Doctrine du moyen age sur la servitude........... 76

CHAPITRE III
Premier état et premiers exhaussements du servage. 4

CHAPITRE IV
Caractères civils de l'état de serf................ 92

CHAPITRE V

Lois de famille et de possession serve.......... 105

CHAPITRE VI

Communauté en indivision.................... 113

CHAPITRE VII

La famille communautaire dans la seigneurie..... 123

CHAPITRE VIII

Serfs et libres dans le domaine seigneurial....... 129

CHAPITRE IX

Décadence et diminution du servage............. 136

CHAPITRE X

Marche et degré de l'affranchissement.......... 151

CHAPITRE XI

Dernier état du servage....................... 163

LES VILAINS

CHAPITRE XII

Définition et origine du *Vilain*................. 168

CHAPITRE XIII

Le fisc seigneurial............................ 178

CHAPITRE XIV

L'exaction, sa mesure, sa limitation, les communes. 188

CHAPITRE XV

Après la fixation des redevances.............. 198

CHAPITRE XVI

Capacité personnelle du *Vilain*................. 207

CHAPITRE XVII

Organisation rurale en indivision.............. 212

CHAPITRE XVIII

État économique, les contrats................. 223

CHAPITRE XIX

Contrat féodal, la censive.................... 231

CHAPITRE XX

Conductions diverses........................ 239
  1. Mainmortes............................ 240
  2. Hostises............................... 251
  3. Bail à rente........................... 262
  4. Métayages............................. 268

CHAPITRE XXI

Économie publique........................... 275
  1. Dépaissances, usages en commun.......... 275
  2. Tarification, Maximum, prêt d'argent......... 279

CHAPITRE XXII

Obstacles et acheminement.................... 286

www.ingramcontent.com/pod-product-compliance
Lightning Source LLC
Chambersburg PA
CBHW071130160426
43196CB00011B/1846